汉语言文学教学模式探索

曹葳葳　侯小华　康　磊 ◎著

中国书籍出版社
China Book Press

图书在版编目（CIP）数据

汉语言文学教学模式探索 / 曹葳葳, 侯小华, 康磊著. -- 北京：中国书籍出版社, 2024.6. -- ISBN 978-7-5068-9915-4
　Ⅰ. H19
中国国家版本馆 CIP 数据核字第 20245NU186 号

汉语言文学教学模式探索
曹葳葳　侯小华　康　磊　著

图书策划	邹　浩
责任编辑	李　新
责任印制	孙马飞　马　芝
封面设计	博建时代
出版发行	中国书籍出版社
地　　址	北京市丰台区三路居路 97 号（邮编：100073）
电　　话	（010）52257143（总编室）　　（010）52257140（发行部）
电子邮箱	eo@chinabp.com.cn
经　　销	全国新华书店
印　　厂	晟德(天津)印刷有限公司
开　　本	710毫米×1000毫米　1/16
印　　张	13.75
字　　数	221千字
版　　次	2025 年 1 月第 1 版
印　　次	2025 年 1 月第 1 次印刷
书　　号	ISBN 978-7-5068-9915-4
定　　价	78.00元

版权所有　翻印必究

前　言

　　汉语言文学教学是高等教育中文学科的重要组成部分，它不仅承担着传承中华优秀传统文化的使命，而且对于提升学生的文学素养、批判性思维能力和创新精神具有重要作用。随着教育理念的更新和教育技术的发展，传统的汉语言文学教学模式正面临着前所未有的挑战和机遇。探索适应新时代要求的汉语言文学教学模式，已成为高等教育改革的重要课题。未来，汉语言文学教学将更加注重内涵式发展，突出学生中心，强调能力培养，为培养具有国际视野、创新精神和社会责任感的高素质人才做出贡献。

　　本书是一本关于汉语言文学教学模式探索方面研究的书籍。全书首先对汉语言文学的基础理论与发展趋势进行简要概述；然后对汉语言文学教学实施的相关问题进行梳理和分析，包括汉语言文学专业人才的培养、汉语言文学的教学模式与方法、汉语言文学各课程的教学实施等多个方面；最后对新技术环境下的汉语言文学教学的实施进行探讨。通过本书对汉语言文学教学模式的探索，我们期望为汉语言文学教学改革提供有益的思路和策略，推动汉语言文学教育与时俱进，更好地适应社会发展和学生需求。

　　在本书写作的过程中，得到了很多宝贵的建议，谨在此表示感谢。同时参阅了大量的相关著作和文献，在参考文献中未能一一列出，在此向相关著作和文献的作者表示诚挚的感谢和敬意。由于作者水平有限，时间仓促，书中难免会有疏漏不妥之处，恳请专家、同行不吝批评指正。

目　录

第一章　汉语言文学概述 ………………………………………… 1

第一节　汉语言文学的理论基础 ………………………………… 1
第二节　汉语言美学欣赏 ………………………………………… 7
第三节　汉语言文学的发展趋势 ………………………………… 10

第二章　汉语言文学专业人才培养 ……………………………… 17

第一节　汉语言文学专业人才培养的思路 ……………………… 17
第二节　汉语言文学与人文素质教育的融合 …………………… 22

第三章　汉语言文学的教学模式与方法 ………………………… 39

第一节　汉语言文学的教学模式 ………………………………… 39
第二节　汉语言文学的教学方法 ………………………………… 49
第三节　多模态教学在汉语类课程中的应用 …………………… 53

第四章　以学生为主体的写作学课程教学 ……………………… 63

第一节　写作学课程对学生兴趣的激发 ………………………… 63
第二节　写作学课程"以学生为本位"教学模式的建构 ……… 70
第三节　网络环境下写作学课程的教学新探 …………………… 77

第五章　美学课程教学的实施 …………………………………… 85

第一节　当前高校美学课程的常用教法 ………………………… 85
第二节　美学教学中的"平衡"原则 …………………………… 92

第六章　新时期文化类课程的教学实施 …………………………… 100

第一节　中国文化概论课程教学概述 ………………………………… 100

第二节　中国文化概论课程教学中的地域与校园文化视角 … 105

第七章　新媒体时代下汉语言文学教学的实施 ………………… 111

第一节　新媒体时代的特征 …………………………………………… 111

第二节　新媒体时代下中国文学存在方式的转型 ………………… 122

第三节　新媒体环境下汉语言文学教学的创新策略 ……………… 130

第八章　基于多媒体的对外汉语课程教学 ……………………… 157

第一节　多媒体教育技术基础 ………………………………………… 157

第二节　对外汉语综合课教学中多媒体课件的应用策略 …… 182

第三节　对外汉语多媒体课件的运用评价与改进 ………………… 193

参考文献 …………………………………………………………………… 209

第一章 汉语言文学概述

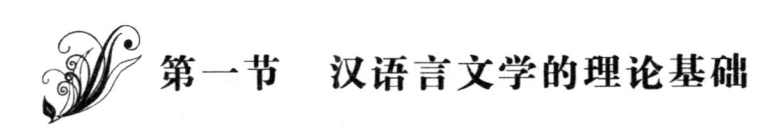

第一节 汉语言文学的理论基础

一、汉语言文学的特征

汉语言文学作为中华民族悠久文化传统的重要组成部分，其特性丰富多彩，不仅承载着深厚的历史文化底蕴，也展现了中华民族独特的审美情趣和思想观念。

（一）丰富的体裁

汉语言文学跨越了从古典到现代的漫长历史时期，涵盖了诗歌、散文、小说、戏曲等多种文体。早期的《诗经》《楚辞》奠定了中国诗歌的基础，展示了古代人民的生活情感与自然观；唐诗宋词则将诗歌艺术推向了顶峰，李白的豪放、杜甫的沉郁、苏轼的旷达，风格各异，各领风骚。散文方面，先秦诸子百家争鸣，留下了许多哲理深邃、文采飞扬的篇章；明清小品文则以其清新脱俗、意味深长而著称。小说与戏曲自宋元以来逐渐兴起，《水浒传》《红楼梦》等四大名著展现了中国古代小说的巅峰成就，而元曲、京剧等则代表了中国戏曲艺术的精华，各自拥有独特的表演形式和深刻的社会内容。

（二）显著的阶段性

汉语言文学的发展历程清晰地展现出显著的历史阶段性特征。从先秦的古朴雄浑，到汉代的宏大叙事；从魏晋南北朝的个性觉醒，到唐宋的文人雅兴；再到明清的市民文化兴起，每一个阶段都有其鲜明的时代烙印。例如，唐代诗歌的繁荣得益于科举制度的推动和国家的强盛，诗人们广泛歌颂山川之美、抒发个人情怀；而明清小说的盛行，则反映了商品经济的发展和社会结构的变化，市民阶层的壮大促使文学更加贴近生活，关注社会现实。这些阶段性的变化不仅体现了文学艺术的演进，也映射出社会历史的变迁。

（三）独特的文学流派

汉语言文学中形成了众多具有鲜明特色的文学流派，这些流派不仅丰富了文学的表现形式，也深化了文学的思想内涵。如"儒家文学"强调教化功能，倡导仁爱礼义；"道家文学"追求自然无为，反映超脱世俗的精神境界；"禅宗文学"则注重内心的感悟与自然的和谐统一。在具体文学形式中，如"婉约派"与"豪放派"之于宋词，前者以柳永、李清照为代表，擅长细腻柔美的情感表达；后者以苏轼、辛弃疾为代表，展现壮志豪情与社会关怀。此外，"桐城派"散文、"临川四梦"的戏剧等，都是特定历史时期内形成并影响深远的文学流派，它们在文学技巧、主题思想上各有侧重，共同构建了汉语言文学的多元风貌。

二、汉语言文学的表现形式

汉语言文学作为中华传统文化的精髓，历经数千年的沉淀与演变，形成了丰富多样的表达形式。诗歌以其韵律和谐、情感真挚，成为流传久远的文学载体；散文以自由灵活的笔触，抒发作者的深刻感悟，触动人心；小说通过连贯的叙事和完整的情节，展现复杂的社会生活和人物性格；戏剧则通过舞台表演，将生活浓缩于有限的空间与时间之中，生动展现人物冲突与情感纠葛；报告文学则以其真实性和新闻性，通过艺术手法记录时代，反映社会现实。这些表现形式不仅展现了汉语言文学的深厚底蕴，也体现了中华文化的丰富内涵和独特魅力。

三、汉语言文学专业概述

（一）专业课程一览

1. 古代汉语

古代汉语课程旨在搭建起通往古代文学世界的桥梁，通过详尽解析古代汉语的语音系统、词汇构成、语法特征及文字演变，引导学生掌握阅读古代文献的必备技能，如《尚书》《左传》等经典研读，从而深入领悟先贤智慧与文学韵味。

2. 现代汉语

现代汉语课程系统性地教授汉语的规范化运用，不仅覆盖语音、词汇、语法的现代标准，还融入修辞学与语用学的最新研究成果，通过实例分析与实践训练，提升学生在学术研究、文学创作及日常沟通中的语言精准度与表现力。

3. 中国古代文学史

本课程引领学生穿梭于中国古代文学的浩瀚时空，从先秦诸子百家争鸣至明清小说的繁盛，系统梳理文学流派、作家群体及其代表作品，如屈原的《离骚》、杜甫的诗史、关汉卿的杂剧等，旨在构建起对古代文学发展脉络的宏观认识与细腻感知。

4. 中国现代文学史

内容提要：讲授从"五四"文学革命到中华人民共和国成立三十余年的文学运动、文学思潮、文学流派和文学创作情况，重点讲解各个历史时期的重要作家及其代表作品的思想艺术成就及其在文学史上的地位和影响，从而揭示中国现代文学的性质、特点和发展历程。

5. 中国当代文学史

本课程关注1949年后中国文学的多元化发展路径，从"十七年文学"到"伤痕文学"，再到"寻根文学"与"先锋文学"，详细讲解余华的《活着》、莫言的魔幻现实主义、北岛的朦胧诗等，探讨文学创作在不断变化的社会环境中所展现出的创新与挑战。

6. 外国文学史

通过纵览世界文学的经典之作与重要流派，如古希腊悲剧的悲壮、莎士比亚的戏剧宇宙、法国启蒙时期的理性光辉、俄国现实主义的深度挖掘，本课程旨在拓宽学生的国际视野，促进对不同文化背景下的文学理解与比较研究。

7. 写作学

写作学课程旨在传授文学创作的核心技巧与思维模式，从灵感激发到构思策划，再到文体实验与风格锻造，通过实战演练与经典案例分析，激发学生的创造性思维，助力其在文学表达上实现从技艺到艺术的飞跃。

8. 语言学概论

语言学概论课程为学生提供语言学领域的全面概览，包括但不限于语音学、形态学、句法学、语义学等基础理论，结合实际语言现象分析，旨在培养学生科学分析语言问题的能力，为深入研究汉语言文学打下坚实的理论基础。

9. 文学概论

本课程旨在构建文学理论与批评的理论框架，从文学本质、功能、类型到创作与接受过程，通过深入探讨结构主义、后现代主义、女性主义等批评理论，引导学生批判性地思考文学作品的深层含义与社会文化价值。

10. 语文教学论

本课程不仅探讨教学目标、原则与方法，还融入教育心理学、课程设计与评估策略，旨在培养未来语文教师的教育创新意识与高效教学能力，使之能适应并引领语文教育的新趋势。

11. 音韵学

音韵学课程深入挖掘汉语语音的历史变迁与结构规律，不仅涉及中古音系重建、现代方言比较，还包括国际音标的学习与应用，旨在通过科学方法解析古代语音，促进对古代文献的准确解读与语言历史的深入理解。

12. 训诂学

训诂学作为研究古代文献语言与意义的学问，通过训释词语、疏通文意、考辨版本等方法，指导学生如何严谨、科学地处理古代文献，提升文本解读的精确度，进而深入挖掘古代思想文化的深层内涵。

13. 汉字文化学

汉字文化学课程从汉字的起源、演变到构形原理，探讨汉字作为文化载体的独特魅力与深远影响，分析汉字的美学特征、象征意义及其在历史文化传承中的作用，强化学生对汉字文化深层次的认知与鉴赏能力。

14. 中国古代文献学

本课程围绕古代文献的整理、校勘、注疏及版本研究，系统讲授文献学的基本理论与方法，通过实操训练，培养学生独立分析和研究古代文献的能力，为深入探究中国古代文学、历史、哲学等领域奠定坚实的方法论基础。

其他后修课程还有几十上百种，在此不一一赘述。

（二）汉语言文学专业的性质

汉语言文学专业的性质，从其专业名中即可得到相关的理解。首先是"语言"，然后是"文学"，其中"语言"起修饰"文学"的作用，"文学"是中心词，二者呈偏正关系。在此结合汉语言文学相关专业课，来理解汉语言文学的性质：

1. 语言性

语言性强调了对汉语这一世界上最古老且连续使用至今的文字语言的深入探索。它涵盖了语音学、词汇学、语法学、修辞学等多个分支领域，致力于揭示汉语的内在构造、历史演变及其在现代社会的应用规则。通过研究古代汉语与现代汉语的差异，学生能够掌握语言发展的动态轨迹，理解语言的社会功能与文化内涵。此外，专业教学还融入了对外汉语教学法，旨在培养学生传授汉语作为第二语言的能力，促进国际文化交流。

2. 文学性

文学性是汉语言文学专业核心的组成部分，侧重于对文学作品的审美鉴赏、理论分析及创作实践。该性质要求学生广泛阅读从古典诗词、散文到现代小说、戏剧的各类文学体裁，通过文本细读、历史语境分析等方法，深入挖掘作品的艺术特色、思想情感及文化价值。文学性教育不仅培养学生的审美感知与批评思维，还鼓励原创文学创作，激发个体的想象力与创造力，使学生能够成为既有深厚文学底蕴又能创新表达的学者与作家。

3. 文学教育性

汉语言文学专业的文学教育性，体现在其承担着传承与弘扬中华优秀传统文化的重任。这一性质强调文学教育的社会功能性,即通过系统的课程设置与教学活动,培养未来的教育工作者、文化传承者及社会文化建设者。文学教育性不仅关乎知识的传授,更在于价值观的塑造与人文精神的培育。它要求教师和学生共同探索文学作品中的道德伦理、人生哲理,以及它们对于个人成长和社会进步的意义,从而在更广泛的层面上推动文学教育的社会影响力,促进文化自信与文化软实力的提升。

(三) 汉语言文学学习的重要性

1. 有利于提高人文素养

通过深入研读经典文学作品,学生能够跨越时空界限,与历史上的文人墨客进行心灵对话,感受其情感世界与思想光辉。这不仅增强了对传统文化的理解与尊重,还促进了跨文化交际能力的提升,使个体在多元文化的交融中形成更为开放包容的人文视野。同时,文学作品中蕴含的美学理念、伦理观念与人生哲理,潜移默化地提升了学习者的审美鉴赏力与道德判断力,为其在复杂社会中做出正确的价值选择提供指引。

2. 有利于提高道德品质

经典文学往往反映作者对理想人格的追求与社会正义的呼唤,如《论语》中的仁爱思想、《红楼梦》对封建礼教的批判等,都能激发读者对真善美的向往,促进内在道德品质的塑造。通过分析作品中的人物形象与故事情节,学生能够在道德情境中进行自我观照,反思个人行为,从而在现实生活中践行诚实守信、勇于担当等美德,实现个人品德的升华。

3. 有利于充实自己的精神

经典文学往往反映作者对理想人格的追求与社会正义的呼唤,如《论语》中的仁爱思想、《红楼梦》对封建礼教的批判等,都能激发读者对真善美的向往,促进内在道德品质的塑造。通过分析作品中的人物形象与故事情节,学生能够在道德情境中进行自我观照,反思个人行为,从而在现实生活中践行诚实守信、勇于担当等美德,实现个人品德的升华。

4. 有利于规范人们的行为

汉语言文学中蕴含的伦理道德准则和社会规范，对于引导和规范人们的行为具有重要作用。通过文学作品中的正面榜样与反面教训，学习者能够直观理解何为善行何为恶行，形成正确的价值导向。文学作品中对社会现象的深刻剖析与批判，如对贪婪、腐败的揭露，对忠诚、勇敢的颂扬，都直接或间接地影响着读者的价值判断与行为选择，促进社会风气的净化与文明程度的提升。因此，汉语言文学的学习不仅是知识的累积，更是塑造健康社会行为模式的重要力量。

总而言之，目前汉语言文学在我们当前各类学习科目中占据重要位置，也是现阶段素质教育的重要载体。通过学习汉语言，能够深刻感知中华民族传统文化，吸收感悟更为深刻的民族精神。在先人的思想价值和人文情怀的基础上，积极汲取先进的思想，对于我们的学习和生活具有重要的指导价值，帮助我们提升人文素养，丰富精神世界。

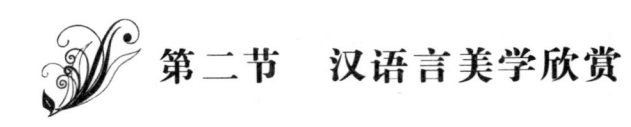

第二节　汉语言美学欣赏

一、汉语言中的文艺美学

（一）文艺美学的学科逻辑与文化实践

文艺美学作为一门学科，其构建需在现代学术体系内明确自身的逻辑框架，这要求它既要具备独立的理论体系，又要与现实生活中的文化现象紧密相连。它面临的挑战在于如何既保持学术的独立性，又能在现实社会中发挥其独特的作用，如促进文化传承、审美教育等。这一过程需克服理论与实践相分离的困境，通过理论的深化与实践的检验来逐步清晰其学科边界，确立文艺美学在文化生活中的定位。其学科建设的成功，有赖于对艺术本质的深刻洞察，以及对中西文化差异的融合与超越，特别是将中国传统"文以载道"的观念与西方对艺术美学的探索相结合，形成具有中国特色的文艺美学理论体系。

（二）艺术本质与美学追求

艺术的本质在于追求美的过程，这一过程既是内在精神的外化，也是对美的无限接近。因此，艺术哲学与美学密不可分，它们共同探索美的本质、美的创造与美的体验。在中国文化背景下，文艺美学不仅承载着审美价值，还蕴含强烈的政治与道德意涵，体现了"文"与"道"的统一。这要求文艺美学的研究不仅要关注形式与技巧，更要深入探讨其内容的丰富性和思想深度，以及如何通过语言的巧妙运用传达深刻的思想情感。从孔子的"辞欲巧"到鲁迅的重视"技术"，再到周恩来总理的外交语言艺术，都体现了在不同历史时期，文艺美学如何通过语言的精妙运用，达到既说服人心又富有美感的效果。

（三）汉语言美学的特色与价值

汉语言的美学特质，根植于深厚的文化土壤之中，它不仅体现在内容的丰富与思想的深邃，亦展现在语言形式的精致与艺术性上。孔子的"辞欲巧"强调了语言表达的艺术性与说服力，而鲁迅与周恩来的例子则进一步证明，无论是在文学创作还是在社会实践层面，精湛的语言艺术都是沟通心灵、实现目标的重要手段。汉语言的美，是内容与形式、思想与艺术的完美结合，它在体现中华民族独特智慧的同时，也彰显了艺术与现实生活的紧密联系。因此，深入探索汉语言中的文艺美学，不仅有助于提升个人的语言表达与审美能力，也是传承与发扬民族文化、促进社会文化发展的关键所在。

二、多学科交叉的美学体系

（一）美学的哲学根基与独立发展

美学的起源可追溯至古希腊哲学，它作为哲学的一个分支，最初在本体论的框架内探讨"美是什么？"这一根本问题。柏拉图对美的本质的哲学追问，为美学的萌芽奠定了哲学基础。随后的几百年间，尽管美学逐渐发展为独立学科，但仍深深植根于哲学的土壤中，尤其是在德国古典美学时期，康德的《判断力批判》等著作继续在哲学的框架下探索美学的边界,美学与哲学的紧密结合体现了这一时期学科发展的特征。

(二) 现代美学的多学科交叉融合

进入现代,美学的学科边界开始扩展,与哲学的单一交集逐渐淡化,转变为多学科交叉的综合研究领域。心理学的引入,特别是审美心理学的发展,聚焦于个体审美经验的心理机制,开启了对审美主体性深入探索的新篇章。教育学的参与,不仅强调了审美教育的重要性,还将美学教育纳入了教学实践,提升了公众的审美素养。人类学与考古学的介入,从跨文化视角和历史维度审视审美现象,揭示了审美习惯和审美的文化相对性,丰富了对美的多样性和复杂性的理解。

(三) 美学理论的转型与现代形态

随着多学科知识体系的融入,美学理论经历了从本体论向认识论、语言论直至文化论的转变,形成了更为立体和多元的理论架构。美学不再局限于哲学的抽象思辨,而是结合了心理学、教育学、人类学等领域的实证研究,发展出跨学科的研究方法和理论框架。这一转变不仅拓宽了美学研究的视野,也促使美学理论与实践更加紧密地结合,为解决现实世界中的审美问题提供了更为综合和实用的视角。现代美学的多学科交叉特性,标志着美学作为一门学科已经进入了成熟和多元发展的新阶段,它不仅回应了时代的需求,也促进了各学科间的对话与合作,共同推动了对美和审美现象的深入理解和诠释。

三、美学在中文系课程体系中的功能

(一) 美学作为文学理论的深化与理论思维培养

美学课程在中文系的设置,是对文学理论课程的自然延伸与深化。它不仅巩固并扩展了学生的理论基础,还促进了理论素养与批判性思维能力的培养。通过美学的学习,学生能够掌握关于美、审美经验和艺术的深层次理论,如本质论、审美经验论等,这些知识与文学理论相辅相成,为文学批评提供了丰富的理论资源和多元视角。美学教育鼓励学生超越常规认知，对文学作品进行更深层次的思考与分析，使文学理解不再停留于表层叙述，而是触及作品的美学内核和深层意蕴。

（二）促进跨学科视野与多学科知识整合

美学的跨学科特性在中文系课程体系中显得尤为重要。它打破了传统文学教育的界限，引入哲学、心理学、人类学等领域的知识，为学生构建了一个广阔的人文视野。这种跨学科的教学模式不仅丰富了学生的知识结构，还培养了他们运用多学科方法解决文学及艺术问题的能力。美学课堂上的理论演绎与案例分析，让学生能够从不同角度审视文学作品，发现其中蕴含的美学价值和社会意义，促进了文学与其他艺术形式之间的对话与融合。

（三）强化审美经验的内在相通性与文学艺术的互释

美学课程突出了文学与艺术之间审美经验的共通性，强调文学并非孤立存在的艺术形式，而是与绘画、音乐、舞蹈等艺术形式在审美层面相互交织、相互启发。通过艺术论的学习，学生能直观感受到不同艺术媒介间的情感表达与审美特质的相似性，如"诗中有画，画中有诗"的境界，以及诗乐舞一体的传统理念。美学教育让学生意识到，文学作品的解读可以借鉴其他艺术形式的审美体验，反之亦然，这种跨界的理解方式能够极大地丰富文学的阐释空间，提升文学批评的深度和广度。

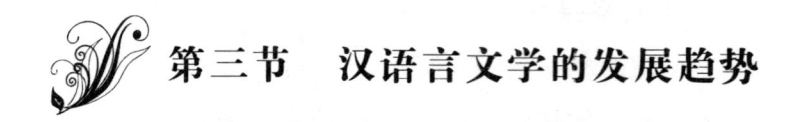

第三节　汉语言文学的发展趋势

一、网络语言对汉语言文学发展的影响

进入 21 世纪以来，随着信息技术的迅猛发展和快节奏社会生活的演变，文学的形态和传播模式亦在悄然发生变化。网络技术的兴起，更是对文学领域产生

了深远的影响，促使汉语言文学面临着前所未有的发展机遇与挑战，如何在新的世纪中发展并焕发新生，成为亟待探讨的课题。

在信息化蔚然成风的当下，科技探索成为时代主旋律，文字的基本功能虽未减，但其在信息交流和文化传播中的角色已发生质变。网络的普及，使文字不仅作为信息和思想交流的媒介，更成为日常生活不可或缺的便利工具，为汉语言文学的传承与创新提供了前所未有的平台。网络语言的兴起，作为传统语言的衍生体，丰富了语言表达，展示了传统语言的活力与多样性，为古老汉语言注入了新鲜血液。多数网络语言已深入人心并被广泛接纳，成为流行文化的一部分，然而，其尚未形成统一的规范标准，对语言的纯正使用及文化传承带来了一定的困扰与挑战。网络语言作为新兴的语言现象，它要求我们在保护和发扬传统语言纯洁性的同时，开放心态接纳新变化，积极探索网络语言的规范化路径，引导其健康发展，使其成为汉语文学发展的一股积极力量，促进文化传承与创新并举，共筑中华文化的辉煌未来。

二、全球化背景下汉语言文学发展的思考

汉语言文学是我国文学领域的一个文化瑰宝，对汉语言文学进行系统的、全面的学习才能够了解我国的诗词歌赋及文学著作。随着经济全球化的发展，全球化不仅仅表现在经济方面，还表现在文化和其他领域。全球化的风潮席卷而来，一方面促进了各国的经济交流，另外一方面实现了国家之间不同文化的交流，当然也包括语言的渗透。那么，汉语言在全球化背景下，会遇到怎样的发展境遇是现在大家关注的焦点。事实上，全球化为不同国家的发展都带来了机遇和挑战。在整个世界文化繁荣发展的当代，文学的发展空间还是很大的，我国汉语言文学的发展走向也是不错的，汉语言文学正好可以借助经济全球化这个机会走向国际化，让更多的人了解中国的汉语言文学，同时，全球化也将推进汉语言文学的进一步发展。

全球化为汉语言文学的发展创造了良好的平台，但是一些不利因素同样影响着中国的文学市场，所以我们必须要着力提升汉语言文学的主体地位，只有这样，才能积极应对外来文化所带来的巨大冲击，保证汉语言文学在市场中的健康发展。

（一）树立起产业化发展的理念

1. 拓展市场与产业融合，促进文化传播

在全球化背景下，汉语言文学的发展应树立起产业化发展理念，首要的是将文学创作、出版、教育、影视改编、数字娱乐等各个环节视为一个有机整体，形成产业链。通过跨界合作，将文学作品转化为多元化的文化产品和服务，如影视作品、网络游戏、有声书、动漫等形式，进入更广阔的市场，拓宽传播渠道，不仅能够增加经济效益，更能有效推动中华文化在全球范围内的传播与影响力提升。

2. 强化品牌建设，提升国际竞争力

树立品牌意识是产业化发展的核心策略之一。通过打造精品文学IP，强化版权保护，建立完善的授权体系，可以提升汉语言文学作品的国际知名度和市场价值。文学节、作家品牌塑造、国际合作出版等策略的实施，有助于形成独特的品牌形象，吸引国际读者群体，促进汉语言文学作品在国际市场的竞争中脱颖而出，成为具有全球影响力的文化品牌。

3. 创新商业模式，促进可持续发展

在产业化进程中，创新商业模式是实现汉语言文学可持续发展的关键。利用大数据、云计算、人工智能等现代信息技术，优化内容生产、分发和消费的全过程，如个性化推荐、智能化翻译、在线互动阅读等，能够提升用户体验，拓宽盈利渠道。同时，探索会员制、众筹出版、文学+旅游等新兴模式，不仅可以丰富收入来源，还能增强用户黏性，构建健康稳定的文学产业生态，确保长远发展。

（二）树立起国际化发展理念

第一，国际化战略的制定需基于全面深入的市场调研与文化分析，理解全球各地受众对汉语学习的兴趣点、接受度及文化融合的障碍，从而制定差异化的推广策略。这意味着，汉语教育不仅要面向海外华人华侨，更要触及更广泛的国际群体，让汉语成为全球通用语言体系中的重要一员。

第二，汉语国际化的推进，核心在于提升其吸引力和易接受度。这不仅需要对汉语教学内容、方法进行创新，如融入更多跨文化沟通、商务、科技、艺术等实用场景，使学习过程贴近实际，还应加强汉语与科技的融合，利用AI、互联网、移动应用等新兴技术，打造便捷高效、互动的学习平台，让汉语学习无国界。

第三，文化交流与合作是汉语国际化的加速器。通过国际文化节、学术交流、教育合作项目、海外孔子学院等，搭建平台，不仅输出汉语，更传播中华哲学、文学、艺术、民俗等深层次文化，增进理解，形成共鸣。同时，鼓励双向交流，吸收各国语言文化的精华，使汉语更具包容性，促进全球多元文化共生。

第四，官方政策支持与标准制定是保障。国家层面应推动汉语国际化政策，如认证体系、奖学金、语言考试标准等，提升其国际认可度。同时，参与国际语言标准制定，争取汉语在多边界的语言政策、教育体系中占有一席之地，为汉语国际化铺平道路。

第五，民间力量与品牌打造亦不可忽视。鼓励企业、社会组织、名人、媒体等参与汉语推广，形成汉语国际品牌效应，提升软实力。如通过影视、音乐、文学作品、体育赛事等文化输出，让汉语成为潮流，自然融入全球民众生活。

(三) 借鉴外文的推广方式

全球化背景下，我们可以很明确地看到外国一些先进的、科学的文学推广方式和手段。外文在我国的发展速度很快，且发展势头很好，那么我们就应该要去学习国外这些先进的推广方式。在全球化背景下，各种技术在交流和沟通上都是很方便的，我们可以通过网络或者图书馆等进行收集相关资料的工作，也能够轻易地了解到外国先进的推广理念，我国的汉语言文学在推广方式和措施上，可以借鉴和学习一些国外先进的推广理念，采用科学有效的推广方式促进我国汉语言文学的发展。我们可以看到，外国在文学的保护工作上做得很到位，这点是值得我们学习的。

(四) 加大汉语言文学的外语翻译工作

就像国外的一些英文类著作，经过翻译后走进我国文学领域一样，汉语言要走出国门，走向国际化也必须先做好外语翻译工作。全球化要带动我国汉语言文学的发展，那么首先，汉语言文学就必须符合被推广的条件，在推广工作面前，我们不能想着让别人来迎合我们，而是应该主动地采取有效措施来让外国人了解我们的文学作品。我国的汉语言文学可谓博大精深，但是，不懂汉语的外国人不能够看懂这些著作，这样一来，汉语言的国际化发展方向就会面临重重阻碍。全球化带来了经济、文化等得以交流的机会，我们要把握这些机会，要把汉语言文学推广到国外，就必须做好汉语言文学的翻译工作，将更多的优秀的汉语言文学作品翻译成外文，并要提高翻译的质量。一般来说，汉语言文学要翻译成外文是比较有难度的，所以，应该要挖掘、选拔一些具有专业知识和擅长外文翻译的人员来进行汉语言文学的翻译工作，只有搞好汉语言文学的翻译工作，提高翻译质量，汉语言文学才能被广泛地推广到全世界。全球化背景下，很多方面都将实现国际化标准，汉语言文学也必须要实现国际化标准，只有符合国际文学的鉴赏水平，只有得到国际对我国汉语言文学的认可，我们的汉语言文学推广工作才能顺利进行下去。

总的来说，在全球化的大背景下，汉语言文学有了一个很好的发展机遇，也面临着一些冲击和挑战，我们要把握机遇，具体问题具体分析，研究对策和措施，这样才能化解不利因素，把汉语言文学发展壮大。

（五）汉语言文学的全球化展望

汉语言文学要想走出具有特色的全球化道路，必须要着手于汉语的全球化。可以说汉语全球化的道路坎坷而又漫长，但是我们相信，只要坚持加强对外汉语的教学，发展我国的综合国力，那么在不久的将来必将达成这一目标。现在一些国外的学校都非常重视汉语教学，孔子学院在很多国家的设立和普及就是最为有力的证明。

目前，我国的汉语言文学逐渐受到国际的广泛关注，但是我们应该清楚地认识到，汉语言文学的国际化道路仍然任重而道远，要将汉语言文学推向国际，得到认可，我们依然面临着诸多严峻的挑战。

在国际化进程不断加快的今天，我国的汉语言文学面对着巨大的冲击和挑战,同时更出现了一些机遇,只有在汉语言文学的发展道路上,充分把握这些机遇,结合当前的形势,制定切合实际的措施以及策略,才能不断解决出现的问题,消除不利因素的影响,让汉语言文学走上一条健康的发展道路。

三、融合传统文化的汉语言文学发展趋势及路径

(一) 树立对融合传统文化的汉语言文学尊重意识

在研究融合传统文化的汉语言文学发展路径前,应先提高我国的经济基础水平,并认为只有经济基础完善才能确保我国文学产业的持续发展,才能为行业发展提供保障。考虑到文学产业建设与其他产业建设存在一定的差异性,因此在汉语言文学发展的道路上,应先树立社会群体对文化、政治、经济的正确认知,要求社会群体在弘扬汉语言文学等相关文化知识的过程中,树立尊重意识,并重视文化的传承。

在此基础上,正确对待由国外引进的文化。尤其在我国市场经济改革开放后,中国在不断发展中已在全球市场上占有一席地位,中国市场的对外拓展,使汉语文化在全球普及,甚至已成为多个国家交流的国际语言。这种现象无疑为汉语言文学的发展打开了市场。尽管目前我国文化在市场中呈现一种"百花齐放"的良好势头,但文化在市场传承过程中,难免会遇到外来文化与中华传统文化发生碰撞,产生矛盾问题。对于这种问题,我国应在正确对待国外文化的基础上,树立对融合传统文化汉语言文学的尊重意识,即要求人们平等看待外来文化与中国文化。对于外国文化,我国不应为了弘扬中华传统文化,一味抵制,但也不应全盘接受,应严格遵循"取其精华,去其糟粕"的原则,保持正确的态度对待不同文化与融合传统文化的汉语言文学融合。

总之,在当今开放时代下,各国之间的商业与贸易往来频繁,社会群体在面对当下时代背景时,应以传承我国优秀的传统文化为主,接纳外来文化,对其保有包容态度。在此基础上,调整融合传统文化的汉语言文学在市场的平衡发展能力,使传统汉语言在社会上保持自身特征与稳定性的同时,接受外来文化对其的滋养,实现我国特色文化在市场上的有效传播。

（二）借助教育手段加强对汉语言文学的推广

考虑到融合传统文化的汉语言文学结构与现代化文化理念之间存在一定的差异性，在发展汉语言文学时，人们对汉语言文学的理解存在一些困难，这种困难在一定程度上降低了人们对文化的热情与积极性。为此，要促进汉语言文学的可持续发展，可在适当的条件下，借助教育手段，加强对文学的推广。以教育产业的建设为例，在对人才实施教育教学工作指导时，应增设专门的汉语言文学专业，对于专业学生进行语言的专项教育。对于非文科类专业的学生，可面向其增加汉语言文学选修课或观察课，利用课堂时间为学生拓展我国汉语言文学的发展历程。同时，也可借助现代文化在网络中的传播方式，将现代文化与传统文化融合，并基于二者融合的视角，对受教育者讲解汉语言文学的结构，深入剖析文学在市场的发展趋势。使受教育者在参与学习过程中掌握文化与汉语言文学两者之间的交互性，增强两者的互动性，为汉语言文学在我国经济市场的发展中提供更多的优势。

第二章　汉语言文学专业人才培养

第一节　汉语言文学专业人才培养的思路

我国有着非常悠久的历史，在不同的历史时期出现了很多著名的文学大师，并不断地传承着中国的文化，并给后人留下很多宝贵的精神财富和文学作品。然而，较低的专业就业率使得各高校汉语言文学专业学生的入学量逐年在降低，这就需要各高校在汉语言文学专业人才培养上改变现有的人才培养模式，顺应社会发展，从而培养出更为适合社会发展的复合型人才。

一、汉语言文学专业人才培养模式的标准

现如今，高速的经济发展带动了教育领域人才培养目标的转变，汉语言文学专业人才培养的要求也发生了改变，其定位标准也有所转换。如今汉语言文学专业人才的培养过程中需要具有以下几种素质的培养。

（一）口头表达以及书面写作

汉语言文学专业人才培养的核心在于构建学生卓越的口头表达与书面写作能力。这一标准要求学生不仅要掌握规范、准确、流畅的汉语表达技巧，还需具备高超的文学鉴赏与创作能力。口头表达能力的培养，侧重于通过演讲、辩论、朗诵等活动，锻炼学生逻辑思维、语言组织与临场应变能力，使之能在各类场合下清晰、有力地传达思想。书面写作则强调在掌握各类文体基础上，进行创意写作与学术论文撰写，提升文字的审美表现力与深度分析能力，使学生能够精准捕捉并记录时代脉搏，表达个体见解，成为文化传播与知识创新的有力推动者。

(二) 现代人文修养

在知识经济与全球化背景下，汉语言文学专业人才的培养还需注重现代人文修养的全面提升。这意味着在深入理解传统文化精髓的同时，也要有广阔的国际视野，掌握外语能力，了解外国文学与文化，促进跨文化对话。此外，应重视培养学生的人文关怀与社会责任感，通过文学作品分析、文化研究等，引导学生思考人性、社会、历史、伦理等重大问题，形成批判性思维与独立判断能力，使学生在专业领域内成为有温度、有深度、有担当的思考者。

(三) 工作素质

为了适应市场对复合型人才的需求，汉语言文学专业的人才培养需强化工作素质与实践能力。这包括团队协作能力、项目管理、信息检索与分析、数字技术应用等。通过模拟项目、实习实训、学术研究、文学创作实践等形式，学生不仅能在实践中巩固专业知识，更能学会如何将理论应用于实际工作中，解决具体问题。同时，鼓励学生参与社会实践、志愿服务，增强服务意识与社会责任感，通过实际操作，提升解决复杂问题的能力，为步入职场或继续深造打下坚实基础。综上所述，汉语言文学专业的人才培养模式应注重学生综合素质的全面发展，以适应多元化社会需求，培养出既具备深厚人文底蕴，又具有创新实践能力的专业人才。

二、汉语言文学专业人才培养的重新定位

(一) 立足专业根本，超越局限，探寻新的发展方向

汉语言文学专业的重新定位首先应基于其深厚的历史与文化根基，稳固语言学、文学理论、古典文学与现代文学等核心课程的教育体系，确保学生掌握扎实的基础知识。在此基础上，超越传统学科界限，融合新媒体技术、跨文化交际、数字人文等新兴领域，开拓文学创作与研究的新路径。例如，探索文学作品的数字化呈现形式、网络文学批评方法、跨媒介叙事技巧等，使学生能够适应并引领

文学艺术在数字时代的创新与发展。

（二）尊重市场导向，遵循本质属性

在专业调整中，需充分考虑市场需求，但不以牺牲专业本质为代价。应深入分析文化、教育、传媒、出版等行业的用人需求，调整课程设置，增设如文化创意产业管理、数字出版编辑、网络文学创作等应用性强的课程，培养学生的实践操作能力与市场适应性。同时，坚守文学的人文关怀与审美追求，确保在市场化进程中，学生不仅掌握职业技能，更具备深刻的文学理解力与文化批判精神。

（三）人才培养目标既要具有现实性，又要具有前瞻性

汉语言文学专业的人才培养应设定既符合当前社会发展实际需求，又预见到未来趋势的目标。现实性体现在，通过实习实训、行业对接项目，提升学生的就业竞争力，如强化教育技能以适应语文教师岗位，或提升编辑技能适应出版行业。前瞻性则要求预见并准备于未来，如培养学生的跨文化交流能力以适应全球化趋势，或加强数字人文素养以应对人工智能时代对文学创作与研究的影响，确保学生在未来职业生涯中持续发展。

（四）根据社会需求，培养特色型的汉语言专业人才

针对不同地区、不同行业对汉语言文学人才的具体需求，高校应制定差异化的人才培养方案，打造特色专业人才。例如，针对文化旅游业发展，培养具备深厚文学功底、了解地方文化、能够创新文化传播方式的旅游解说与策划人才；面向国际交流，着重培养精通外语、熟知中外文学、能够进行跨文化翻译与研究的国际型人才。通过细分领域内的深耕，形成特色品牌，增强毕业生的竞争力，更好地服务社会与文化发展。

三、革新汉语言专业人才培养模式的途径

（一）科学系统地设置专业课程

人才的培养需要专业合理的课程设置，只有科学地进行课程设置才能培养出

真正具有价值的人才。

1. 设置考研课程

针对有意向继续深造的学生，增设考研导向课程，包括古代汉语高级研读、现代汉语专题研究、中国文学理论与批评史、世界文学比较研究等高阶课程。这些课程旨在加深学生对汉语言文学的理论理解，提升学术研究能力，为考研及后续的学术生涯打下坚实基础。同时，配套提供考研规划指导、学术论文写作与科研方法培训，全方位支持学生考研准备。

2. 设置应用类课程

为增强学生的实践应用能力，开发一系列应用类课程，涵盖新媒体写作、数字出版技术、文化产业项目管理、跨文化交际、语言服务与翻译实践等。通过这些课程，学生不仅能够掌握现代信息技术在汉语言文学领域的应用，还能将理论知识转化为解决实际问题的能力，提高就业竞争力。课程设计注重实操练习与案例分析，鼓励学生参与实习实训，实现学以致用。

3. 设置教育课程

鉴于汉语言文学专业毕业生在教育领域的需求量大，专门设置教育课程显得尤为重要。包括教育心理学、现代教育技术、语文课程与教学设计、教师职业素养等，旨在培养学生教育理论与教学技能，使之成为具备现代教育理念的优秀语文教师。通过模拟教学、教育见习、教育实习等实践环节，学生能亲身体验教育现场，理解教育工作的复杂性与艺术性，为将来从事教育事业做好充分准备。

（二）提高教学条件，鼓励教师进行教学创新

在汉语言文学专业教学过程中，学生的兴趣是一个非常重要的因素，如果对汉语言文学专业没有足够的兴趣，往往会对其发展有着很大的限制。这就需要教师在教学过程中适当地改变教学模式，进行教学创新，以一种新型的教学方式带动学生学习，从而鼓励学生自主学习，逐渐提升教学质量。

（三）强化实践环节

随着教育观念及形式的不断变化，汉语言文学专业教育应当根据不同要求进

行实践，根据不同形式创建教学实践体系。

1. 定期组织专业见习，体验汉语言文学的现代实践

定期安排学生参与专业见习活动，走进出版社、文学期刊编辑部、文化机构、教育机构等场所，使学生亲身体验汉语言文学在现代社会的实际应用。通过参与编辑出版流程、文学评论撰写、文化项目策划与执行等，学生不仅能够直观感受文学创作与传播的全过程，还能深入了解行业动态，激发对专业学习的热情与兴趣。见习期间，鼓励学生主动观察、思考，将所学知识与实践案例相结合，提升问题解决与创新能力。

2. 实施顶岗实习计划，无缝对接未来职业角色

构建系统化的顶岗实习项目，与企事业单位、教育单位等建立长期合作关系，为学生提供真实的工作环境，使其担任具体职务，如语文教师助理、编辑助理、文化活动策划员等。通过顶岗实习，学生将在实际工作中承担职责，经历从项目策划到执行的完整周期，加深对职业角色的理解，为顺利过渡到职场铺平道路。实习过程中的成绩与反馈将作为评价学生实践能力的重要依据，促进其在就业市场的竞争力。

3. 依托课外活动，驱动应用能力的提升

积极组织丰富多彩的课外活动，如文学创作大赛、文化论坛、读书分享会、汉语言文学社团等，为学生提供展示与交流的舞台。这些活动不仅能够激发学生的创作灵感，培养团队协作与领导能力，还能在实践中锻炼语言表达与组织协调能力。通过举办学术讲座、邀请行业专家分享前沿动态，拓宽学生视野，鼓励学生将课外所学反哺于课内，形成学习与实践相互促进的良性循环，全面提高其综合素质。

（四）完善学生评价体系

汉语言文学专业人才培养的新模式要求教师对学生做出更加全面、更加系统、更加公正的评价。教师要根据自己所在高校的办学特色和人才培养目标对学生进行考核，采用笔试与面试的形式，将掌握专业知识的评分标准与能力检测标

准相结合，这样不仅能考察出学生对专业知识的掌握程度，还能考察出学生的其他能力。教师在平时的教学中要有意识地引导学生把大部分精力放在提高专业技能和提高动手实践能力上。比如教师可以创设生活情景，为学生虚拟岗位，让学生在此岗位上做相应的工作，并对其进行评价，这样的教学过程和评价体系不但能全面公正地对学生做出评价，也可以使学生在学习的过程中提高自己。

第二节 汉语言文学与人文素质教育的融合

一、高校人文素质教育的思考

（一）人文素质教育的主要内涵

所谓"人文"，可以指传统的礼教文化，也可以指相对于自然来说的人和事。所谓"素质"，现代普遍的观念认为其包含了人的体质、品质和素养三个重要方面。而所谓"素质教育"指的是：运用科学的教育方法，把人的天赋和社会层面有机地结合起来，从整体上提高人的综合素质，从而实现人与社会的和谐统一，促进人的全面发展，进而达到提高素质水平的最终教育目标。简而言之，"素质教育"指的就是把人的素质提高作为重要内容和最终目标的教育，主要包含了生存素质教育、自然素质教育和人文素质教育三大类。其中的人文素质教育是所有素质教育中最重要的内容，属于素质教育的最顶端。所谓的"人文素质"指的是人们所具备的人文方面的知识、能力、品质和意志情感等多方面的综合素质，侧重于人的内在气质和修养。所谓的"人文素质教育"主要是培养人的文、史、哲、艺等多方面的知识修养，从而在正确的行为态度的指引下，具有崇高的道德感来实现人性的真正完整，其最终目标是培养崇高的人文思想和人文精神。从人与自我的关系来讲，人文教育要让人体会到自我价值的重要性，树立远大的人生理想；从人与他人的关系来看，人文教育要让人懂得乐于助人的处事原则，并努力追求和建立良好的人际关系；从人与社会的关系来看，人文教育要让人懂得实现社会价值的必要性和重要性，具有顾全大局的奉献精神，为社会服务和造福；从人与自然的关系来讲，人文教育要使人懂得尊重自然的必要性和重要性，积极保护我们赖以生存的自然界。

1. 人文与大学生人文素质

在高等教育体系中，人文素质教育占据核心地位，它旨在培养大学生具备深厚的人文情怀、宽广的知识视野及批判性思维能力。人文素质不仅包括对人类文化、历史、哲学、艺术的广泛了解，还强调个体的道德观念、价值取向及情感态度的形成。通过汉语言文学的学习，学生得以深入理解中华文化的深厚底蕴，感受历史的变迁与人文精神，从而在知识积累的同时，促进个人情感的丰富与人格的完善。文学作品中蕴含的道德观念、人生哲理，为学生提供了价值导向，有助于培养其高尚情操和道德责任感，形成健全的人格特质。

2. 人文与马克思主义的关系

马克思主义作为科学的世界观和方法论，与人文素质教育具有内在的契合性。它倡导以人为本，强调人的全面发展，主张通过社会实践来实现人的自由与解放，这与人文素质教育的宗旨高度一致。在汉语言文学教育中融入马克思主义理论，不仅能够引导学生从历史唯物主义角度分析文学作品产生的社会背景，理解文学作品的社会功能与历史作用，还能通过辩证唯物主义方法论提升学生批判性思维能力，使学生在文学审美与文化批判中树立正确的价值观。此外，马克思主义对于公平、正义的追求，也为人文素质教育提供了价值导向，激励学生在学习与实践中关注社会问题，培养社会责任感和人文关怀。

（二）加强大学生人文素质教育的有效措施

1. 定位人文素质教育于教育核心，强化其战略价值

在高等教育体系内，人文素质教育超越了单纯知识传授的范畴，它旨在通过深度的文化传承与哲学思维，引导学生心灵的觉醒与人格的全面发展。大学应将人文素质教育视为教育理念的支柱，通过官方政策与发展规划明确其在教育目标中的主导地位，确保其不仅停留于理论层面的强调，而是具体实践于课程编排布

设、师资力量配置、评估体系等教育活动的每一个细微之处。

2. 课程体系的革新与深化，构建跨学科桥梁

课程设置的改革是人文素质教育实践的直接抓手，需以创新的视角重构课程体系，不仅囊括经典的人文学科课程，还要融入跨学科课程，如艺术与科学、哲学与技术伦理等，以此促进知识的横向联结与纵向深入。通过跨学科项目的实施，如文学与科技融合课程、历史与数据分析的研讨会等，以实践为平台，激发学生综合运用人文素养解决复杂问题的能力，培养其跨领域思考的视角。

3. 加强高校师资队伍建设，充分发挥教师的先锋作用，从而营造出和谐的师生关系

教师是高校实施人文素质教育的主要力量，我们必须强化教师的人文素养，合理提高人文社科类课程的比例，融文化因子于各门功课中去，使得人文精神能够通过教师彻底地渗透进教学的各个环节和过程中。因此，当代的大学教师不仅要传道授业解惑，更要以身作则，以正确的价值观念和崇高的人文修养去影响和感染学生，让学生学会专业知识和技能的同时，更要学会做人做事。因此，高校目前的任务就是要尽快从质量上抓师资队伍建设，尤其是对于中青年教师更要重点培养和提高，全面提高教师队伍的人文素质水平。

提高教师人文素养。教师是实施素质教育的关键因素，人文精神的塑造主要来源于教化，通过内在教化作用于人的情感状态，在潜移默化中改变人的价值取向，影响人的情感、气质、性格、胸襟等。大学教师担负着塑造大学生理想人格、培养正确的价值观和健康心智的重要使命。加强教师的人文素养是提升大学生人文素质水平的前提和基础。我国教育部提出高校加强素质教育要做到"三个提高"：提高大学生的文化素质、提高教师的文化素养、提高大学的文化品位与格调。首先，大学教师必须转变人文素质教育是社科教师的职责的观念，加强自身的人文素养，从本专业出发，自觉学习。比如通过自修的方式，读一些由著名科学家写成的人文与科学精神紧密结合的文章，作为向导，促使思考，同时积极结合本专业中的具体问题，开展人文素质的研究工作，不断提高自身人文素养。其次，在教学过程中，把人文素质教育渗透到教学的各个环节，使知识教育和人

文教育、科学精神与人文精神高度融合。在教学中教师将自己有关人文研究的成果和知识引入对具体专业问题的分析中，将理性教育和感性教育相结合，以启发式的教学、心理辅导和心灵教化等现代化教育方式，阐释不同学科与人类社会发展的密切联系，不仅传授学科的专业精神和学术要义，还通过率先垂范、言传身教，展现科学知识范围以外的亘古不变的人性、人情、真理，使一个具有专业知识和技能的人同时具有高尚的人品、强烈的社会责任感和坚实的人文素质。著名国学大师季羡林先生广为人知的不只是他高深的学术造诣，还有他身上秉承的传统的人格理想和古典的美学精神，以及他代表的中国知识分子的精神和良知，深深感染着当代大学生的心灵。就高校而言，大学要积极推进教师人文素质的提高，组织教育者的再教育，通过多种途径，如请名流大师讲学、组织观摩课、以老带新等方式提高教师的人文修养，使大多数教师具备人文教育的能力。同时建立科学的教学质量评价体系，将人文教育纳入其中，也可以开展人文素质教育研讨会，提高教师对人文教育重要性的认识，进而转化为自觉的行动。

4. 校园人文环境的优化与文化生态建设

校园作为人文素质教育的物理与精神家园，其环境的营造至关重要。应致力于构建一个充满人文气息的校园，通过图书馆、艺术展览、文学角、历史文化长廊等实体空间的设立，以及定期举办文学讲座、文化节、艺术表演等文化活动，形成浓厚的文化氛围。校园文化的功能应充分发挥，使之成为学生人文素养的"第二课堂"，在日常学习生活环境中潜移默化地影响学生，促进其文化身份的认同与价值观念的形成。

5. 强调学生的主动参与，激发主体性与创造力

人文素质教育的最终目标是促进学生的自我觉醒与主体性成长。因此，教育过程中应强调学生的主动参与，通过小组讨论、项目式学习、研究性作业等形式，鼓励学生自我探索与表达，让其在实践中成为知识的创造者而非被动接受者。此外，建立学生社团与兴趣小组，支持其自主组织文学创作、历史研究、哲学讨论等，不仅丰富校园文化生活，更在实践中锻炼其批判性思维与人文精神，为学生提供展示个性与创造力的舞台。

6. 全方位地建立一个适应大学生人文素质教育的保障体系

高校在加强和推动我国人文素质教育的过程中，需全方位构建一个适应大学生需求的保障体系。政府需重视教育体制的改革，深入调研现实情况，制定政策文件，并鼓励高校借鉴成功经验，建立科学、可行的人文素质教育体系，通过立法确保体系的有效实施。同时，高校应组建专业的教学和研究团队，依据时代发展需求，制定具针对性、导向性和发展性的人文素质教育教学目标和内容。为确保人文素质教育的实施，高校需保证充足的经费支持，这要求国家和高校均需重视人文素质教育的经费预算与实际投入。此外，高校还需建立完善的评价体系，通过科学的评价方法促进学生知识、能力和素质的协调发展，并借助社团活动等丰富学生的人文生活，有效提升学生的人文素质。

7. 营造家庭的人文教育氛围

我们常常说，父母是孩子的第一任老师，可见，家庭的作用是非常巨大的。因此，我们还要重视家庭的人文教育氛围，使家庭具备科学的人文教育理念，使学生们除了在学校接受人文素质教育，回到家里仍然投入到具有人文气息的家庭生活当中去。应该说，一个人的家庭生活是否健康，是否人性化、合理化，会直接影响到学生的身心健康和人文素养，高质量的家庭生活必定会为学生养成良好的人文素养提供必要的生理和心理基石。因此，如果想要培养学生崇高的人文素质，就必须充分重视家庭和家长的作用，让家长充分意识到自己言行举止的重要性，努力为孩子营造出优良的家庭文化，培养孩子正确的价值观、生活观等，在和谐温暖的家庭氛围中体验到家庭人文环境。

8. 引导大学生加强人文素质自我教育

大学精神应该是平等的多元意识、理性的科学态度、自由的个性发展，以及非功利的价值追求。在大学生心理、智力、价值观和人生观树立的重要时期，大学教育无法回避人的心灵需求、人生目标、人生意义和价值观等领域的东西。大学有义务引导大学生认识到人文素质对自身发展的重要性和潜在影响。各高校应深入开展素质教育理论研究，探索富有特色的文化素质教育实现途径，积极创造条件发挥学生社团的作用，开展丰富多彩的校园文化和社会实践活动，鼓励大学生按照自己内在的需要去塑造自己、发展个性，重塑人生理想，规划未来，建构自己健全的人格和意义世界。让大学生主动认识到人文精神的价值和力量，让高尚的人格和良好的修养成为每一个当代大学生的人生理想和终极追求。人文素质教育方法是多角度、多方位、多渠道、多种形式的。目前，高校人文素质教育还处于探索阶段，人文素质教育本身是复杂的、多元的、长期的，还没有形成统一的模式和评价标准，但人文素质教育也是有规律性的，它是一种综合教育，是一个复杂的系统工程，它的实施是全方位、立体、开放性的过程，它的成功与否取决于能否整合各方面的教育力量，能否协调教育者和受教育者之间的关系形成良性互动。当前我国正努力建设社会主义和谐社会，和谐的社会必然要求具备和谐的人文精神的大学生去创造，在这一历史背景下，大学生人文素质教育的历史意义显得尤为重要。

二、人文素质教育的重要性

在大力推进素质教育的今天，对大学生的人文素质教育也日益引起人们的关注与思考，这对于中国高等教育而言，既充满了严肃的理性思辨，也具有重大的实践意义。大学生作为实施素质教育的特殊群体，其人文素质的培养更应引起高度关注和重视。

（一）全面理解人文素质教育的丰富内涵

1. 人文素质教育的概念界定

人文素质教育，乃是一种综合性的教育理念与实践过程，旨在通过深入探索人类文化的广袤领域，如文学、历史、哲学、艺术与道德等，以培育个体的批判性思维、情感认知、道德观念及审美情趣，进而促进人格的全面发展。它不仅关注知识的积累，更重视这些知识如何塑造人的价值观、世界观与行为模式，形成对社会、自然的深刻理解与人文关怀。

2. 人文精神与科学精神的关系

人文精神与科学精神虽各自代表了人类探索世界的两个面向，却并非割裂开的对立面，而是相辅相成的两翼。人文精神，强调理解人性、文化、伦理、情感与审美，追求精神的丰富与道德的完满；科学精神，则聚焦于逻辑、实证、规律、创新，追求知识的准确与技术的进步。两者交汇融合，不仅促进个体思维的均衡发展，还能在解决复杂社会问题时展现创新与人性关怀的双重力量，实现理智与情感的和谐统一。

3. 人文素质教育的实践路径与社会影响

人文素质教育的实施，需超越课堂讲授，融入社会实践与日常生活。这包括但不限于鼓励阅读经典文学、参与社会服务、国际交流、艺术创作等，使学生在体验中内化人文价值，外化为行动。长远而言，这样的人文教育模式，不仅塑造了具有深厚人文底蕴的公民，还对社会风气产生深远影响，提升公共讨论的深度，增强社会的道德共识，促进一个更加和谐、创新且可持续发展的社会环境。

(二) 实施人文素质教育的必要性

1. 人文素质是学做人的基础，人文教育是"做人学"

人文素质作为个体成长的根基，不仅是知识与技能的累积，更是道德、情感、价值观念、审美等人文精神内涵的综合体现。人文教育，即是在此基础之上，通过深入探索人类文化、历史、哲学、艺术等广阔领域，培养个体成为有温度、有思想、有责任感的人。它超越了单纯"做事"的技术传授，转向"为人"的本质，是教育的深层次追求，是"做人学"，是使人成为全面发展个体的必经之路。

2. 人文素质教育是创新素质教育的基础

在创新驱动的时代，人文素质教育扮演了创新思维的孵化器角色。它通过启发批判性思考、想象力与创造力的培养，为科学创新提供不竭源泉。人文素养中的历史观、文化理解、哲学反思，能帮助学生跳出固有界，多角度审视问题，打破传统框架，孕育创新解决方案。人文教育的土壤，让学生在掌握知识的同时，更学会了如何用新视角思考，如何在复杂情境中寻找新路径，这是创新教育的实质所在。

3. 人文素质教育是心理健康的基础

人文素质教育教导如何理解自我，如何处理人际关系，如何在压力与挫折中寻得慰藉。文学、艺术的沉浸，哲学的思考，为心灵提供避风港湾，增强情绪智力，提升自我认知，使个体在面对挑战时有更强的韧性与自我调适能力。人文教育如同心理健康的守护者，通过培养同理性的自我理解与情感的平衡，为学生的心理成长铺设稳健基石，助其在复杂社会中稳行远航。

三、我国高校人文素质教育体系建设构想

人文素质体现了一个人的思想道德修养。一定的思想道德观念总是以一定的文化底蕴为基础，一定的人文意识又总是蕴含着一定的价值观念。大学生是我们国家的未来、民族的希望，他们的理想信念、思想道德和科学文化素质如何，不仅直接影响他们的成长，而且关系到我们国家的前途和命运。新世纪高等教育的新使命就是促进科学教育与人文教育的融合。科学教育和人文教育都是现代教育中不可或缺的重要组成部分。只有科学精神和人文理想兼备的人，才是现代意义上的全面发展的人。人文教育的核心，是人文精神的培养和人性的完善、提高，对促进人们树立正确的世界观、人生观和价值观具有重要的作用。在人类跨入21世纪的今天，人类社会已经步入一个高度综合化的新时代，高等教育在教育体系、教育内容、教育方法上趋于文理融合的趋势，随着知识经济、信息社会的来临和不断发展，加强大学生的人文素质教育已成为当前世界高等教育改革与发展的潮流和趋势。高校要充分认识到人文素质教育在人才培养模式改革中的重要作用，积极探索和完善大学生人文素质教育体系，与时俱进，更新教育观念，深化教育教学改革，促进大学生的全面发展。下面就此提出几点粗浅的看法。

（一）积极推进课程体系改革

素质教育是一种教育思想、教育理念，因而要贯彻到教育的各个环节，贯彻到教育培养的各个过程。在当代大学生的成长过程中，高等教育对大学生素质养成的影响和作用不应仅仅局限于课堂之中，还应贯穿于学习、生活的全过程，"第二课堂"的教育活动应逐步纳入整个学校的素质教育体系，也就是要改变过去紧紧围绕专业设置课程的方式，突破狭窄的专业局限，充分吸纳当代自然科学和人文科学的最新成果，建立符合受教育者全面发展规律、激发受教育者创造性

的新型课程体系。

1. 加强课程建设

课程体系作为培育大学生人文素质的框架，其构造直接塑造学生综合能力。教学作为人才成长的基石，人文素质教育需聚焦课程体系优化，培养高人文素养，改革课程体系至关重要，各专业需向人文教育拓展，确保文理学科平衡，精心设计广泛性、跨学科交融、时代特色的课程组合策略包括：①课程调整，适度减必修课，增社会科学，扩大选修，强调文理交融，保证学生兼修科学与人文，跨学科选课自由，跨学科模式教育全过程贯穿。②前沿课程，向全体开放，跟踪学科动态，学科与社会互动，拉近学生与科技前沿的距离，拓宽认知，课程精悍短小，高效更新，视野拓展。③特色课程，贴合学生，艺术人文，鼓励自学经典，平衡科学与人文，科技教育并重，人文素质强化，情操陶冶，心灵净化，促进全面发展，适应21世纪。课程建设，不仅是知识传授，更是人文精神的培养，是素质提升的桥梁，是21世纪人才培养的关键。

2. 开设人文素质教育讲座

中国传统文化的核心在于强调人文精神和教养，这些文化精髓不仅推动了民族的繁荣，也塑造了民族的精神和智慧，至今仍然具有持久的吸引力。人文素质教育讲座旨在实现学术与人文教育的双重功能，通过与科技、民族传统、西方文化、大学文化及社会生活的深入对话，培育大学生深厚的人文底蕴。

组织人文素质教育讲座时，要着重强调"文、史、哲、艺"等人文主题，确保每个讲座都能拓宽听众的视野，启发思考。挑选主讲人时，需选择在专业领域有深厚积累、能与青年学生思维特点相契合，并具备良好表达能力的专家学者，无论其年龄大小。讲座内容应平衡理论深度与普及性，既保持高格调，又关注学生关心的热点，实现知识与兴趣的结合。

高校需发挥自身学科全面、师资强大的优势，有意识地邀请校内外知名专家和教授举办讲座，以引导和教育学生，激发他们对科学的热爱、对真理的追求，同时帮助他们陶冶情操、端正人生态度、提升人格魅力。通过精心策划的人文素质教育讲座，高校能够为学生的全面发展提供坚实的人文支撑。

3. 发挥"两课"的主阵地作用

高校的"两课"即思想政治理论课和文化素质教育课，是实施素质教育的核心平台，对大学生的成长具有深远影响，尤其在培养社会主义事业的建设者和接班人方面扮演着关键角色。鉴于"两课"本质上属于人文社会科学类课程，它们在提升学生的人文知识和能力方面发挥着至关重要的作用。

人文素质教育旨在培育学生的人文精神，包括爱国情怀、社会奉献以及坚韧不拔的品质，这与"两课"旨在培养的爱国主义、集体主义、社会主义精神，以及树立正确世界观、人生观和价值观的教学目标高度一致。因此，我们应充分利用"两课"在人文素质教育中的主导作用：一方面，应在"两课"教学中融入更多人文教育元素，让师生意识到人文素质教育是社会发展对教育的必然需求，也是加强思想道德建设的重要手段；另一方面，要通过"两课"教学深入渗透人文教育，将人文精神贯穿于教育和教学的各个环节。

通过"两课"教学，我们要引导新时代的青年学生从科学理论中汲取力量，树立崇高的政治理想，增强对建设具有中国特色社会主义的信心和责任感，并确立正确的世界观、人生观和价值观。这将有助于他们健康成长，为承担起推动中国特色社会主义伟大事业的重任做好准备。

(二) 提高教师队伍的整体素质

实施人文素质教育，教师是关键。教师是大学生人文素质教育的直接组织者和实践者，与学生接触最多，对学生影响最大，师资队伍的素质水平直接关系到教学效果和教学质量。

1. 强化师德建设，奠定教师队伍之基

教育者需以德为先，树立崇高的职业道德观，秉持敬业爱岗、爱心育人理念，成为学生品格形成的模范。高校应强化师德规范制度，开展师德教育，定期师德考核，表彰师德先进，形成尊师重德、尚德风尚，确保教师队伍德行并进，育人为先。

2. 提升科研与教学能力，强化教师队伍实力

科研能力的提升，促进教师紧跟学术前沿，深化知识，创新教学内容与方

法，引导学生探索未知。高校应鼓励教师参与科研项目，提供科研平台，学术交流机会，支持成果转换，激发创新活力。同时，强化教学法训练，采用现代化教学手段，提升课堂互动，评估教学效果，确保教师教学与科研并重，教育质量上乘。

3. 培养文理兼通素质，促进教师创新思维

培养教师既懂文学艺术人文情怀，又具科学精神，能跨界整合思维，引导学生跨界学习，激发创新潜能。构建文理通课程，鼓励教师跨学研修，举办文理交融讲座，营造文理氛围。通过文理并重，教师成为跨界的桥梁，教学中融合文理，激发学生创新思维，培养适应21世纪所需全面人才，将教师队伍素质提升至新高境。

(三) 深入开展社会实践活动

实践是检验真理的唯一标准，也是人取得正确认识的基本途径。大学生的社会实践活动是指高等学校有目的、有计划、有组织地引导大学生走向社会、接触社会、了解国情、接受教育、丰富知识、提高能力和服务社会的一种实践教育活动。社会实践活动作为我国高等教育的一项特殊的教育内容与形式，具有特殊的素质教育功能，越来越受到人们的关注和重视。

1. 社会实践活动是整个高等教育体系中的重要组成部分

（1）深入社会，深化国情认知与能力培养

社会实践活动旨在通过有目标、有组织的方式，使学生亲身经历社会，深入了解国家实际，深化国情认知。在这一过程中，学生不仅能够近距离接触社会各阶层生活实际问题，更能通过实践操作提升解决问题的能力，实现知识与实际的融合，成为社会服务的有用之才。

（2）多样化实践内容，促进全面发展

实践内容与形式的多样性为学生提供了广阔舞台。一方面，教学体系内的实践活动如专业实习、调研、公益劳动、设计、军事训练等，与课程紧密结合，确保学生专业技能与社会责任感的同步提升；另一方面，课余与假期活动如社会调查、社区服务、支教、科技应用、文化传承等，拓宽视野，丰富了人文素养，锻

炼了创新与团队协作。此多元化实践，确保了学生全人发展，成为社会所需之才。

（3）强化精神，提升社会责任感与使命感

实践活动在增进学生对社会理解的同时，强化了精神品质与责任感。深入基层，参与扶贫帮困、社区服务、红色教育等，使学生亲历历史，体验民间疾苦，爱国主义情感油然而生。责任感、使命感在服务中强化，学生理解社会对贡献价值、个人发展与社会进步的联系，为国家建设贡献力量的自觉性。

2. 营造良好的校园文化氛围，优化育人环境

中国历来崇尚环境对人的熏陶，尤其在教育急速演变的当代，校园文化的塑造力于人才培育中的关键作用日益凸显。大学生的世界观、价值观、道德准则及人文与科学观念的塑形，均深受校园文化熏陶。此文化构建，于学生综合素养的潜移默化提升中起着核心作用，渐成教育体系的有力辅助与授课堂的自然延展。迈进 21 世纪，面对知识经济与信息时代的浪潮，善用校园文化的独有效能，全力培养创新力与人文精神，乃时代之急迫呼唤与需求。

抵制消极文化与偏颇思潮对青年学子的侵扰，坚持用正面、积极、健康的观念文化占据校园高地，竭力塑造符合先进文化导向的优质文化环境。通过举办形式多样、品味高雅的课外学术与文化活动，为人文素质教育搭建有效平台。举措包括：邀请社会精英与杰出校友来校演讲，传递经验；激发学生社团参与热情，丰富文化涵养；筹办多元文艺盛事，诸如文化艺术节、演讲辩论赛、模拟法庭等，以培育学生主动参与的精神，全方位提升人文与实践能力，为构建和谐校园文化生态奠基。

3. 加强大学生社团管理，发挥社团的育人功能

学生社团作为学生自我提升、兴趣拓展与文化生活丰富的重要载体，在社会经济与科学文化双重推动下快速发展，种类繁多、规模扩大，已然是学生第二课堂的活跃地带，对促进多方面兴趣、多元能力培养发挥着不可小觑的作用。但面对社团多样性质、广泛参与及活动形式各异的现状，管理难度与要求显著提升，存在宗旨偏离、内部管理不善、小圈子现象乃至违规活动等隐患。因此，需要强化治理，优化策略，充分发挥社团育人效能。一是明确规范活动范围，确保与社

团宗旨相符，防止活动偏离；二是强化内部治理结构，推行民主透明管理，消除管理混乱；三是倡导开放包容文化，遏制小团体形成，促进健康交流；四是强化监管，定期审查，提供专业指导，及时纠正偏差，维护活动品质；五是激励优秀，表彰典型，推广成功案例，促进良性竞争，全面提升社团水平。通过这些综合措施，不仅有效应对管理挑战，更深层次激活社团的正向能量，于学生全面成长、个性化发展贡献独特力量。

综上所述，加强大学生的人文素质教育已成为一种共识，这是当代社会发展对人才培养提出的要求，也是现代教育发展的一个必然趋势。构建完善的高校人文素质教育体系，推进人文教育与科学教育的融合，培养大学生的人文素质，既是一个理论问题，还是一个实践问题，为此，高等学校任重而道远。

(四) 人文素质教育课程体系的构建原则

1. 教育质量观的转型：从单一向全面质量观的跨越

在构建人文素质教育课程体系的起始，首要的是对教育质量观的深刻反思与重塑。传统的质量观往往聚焦于知识传授的量度与考试成绩，而全面质量观则要求我们将视线扩展到学生人文素养的全人发展，包括批判性思维、创新能力、道德判断、情感智力等非量化指标。这一转变促使我们在评价教育成效时，不仅要考量知识的积累，更要考察学生的人格成长、社会责任感及跨文化交流能力，形成对教育质量的多维度、全人视角认知。

2. 专业素质观的革新：从单一专业技能到综合素质的培养

随着时代的发展，对人才的需求不再局限于专业技能的狭隘定义，而更看重综合素质的提升。转变专业素质观，意味着在人文素质教育课程体系设计中，不仅要强化专业技能的训练，更要注重学生跨学科知识的融合、批判性思考能力的培养，以及人文关怀的渗透。这要求课程设计时，打破专业壁垒，通过跨学科课程、人文社科与自然科学的结合，培养学生具备宽广的知识视野和综合解决问题的能力，从而形成全面的综合素质。

3. 课程体系的创新：从孤立课程到有机整合的课程矩阵

构建科学的课程体系，需从传统课程的独立设置转向课程间的有机整合。这意味着课程设计应围绕核心人文素质目标，将不同课程内容与活动相互关联，形成一个既独立又相互支撑的课程网络。通过主题式、项目制学习、跨学科研讨等方式，增强课程间的内在逻辑联系，使学生能在学习过程中形成连贯的知识链，促进深度学习与综合能力的提升，实现课程体系的系统性与协同效应。

4. 教育方式的变革：从封闭课堂到开放的社会实践场域

教育的最终目的在于培养学生成为社会的积极参与者。因此，教育观的转变不仅局限于课堂内，更要重视课堂外的社会实践。加强社会实践，意味着将课堂学习与社会服务、田野考察、企业实习、社区参与等实践活动紧密结合，让学生在真实世界中应用知识，解决实际问题，体验社会多元文化，培养责任意识与公民精神。这种开放式教育模式，让学生在体验中学习，在实践中成长，实现理论与实践的双向互动，使人文素质教育更加贴近生活，更具现实意义。

（五）人文素质教育的效果评价

按照知识、能力、素质协调发展的要求，把人文素质教育纳入人才培养整体规划之中，构建人才素质的评估标准，在教育管理过程中具有实质性的作用。评价的指导思想、具体指标、方式方法及其效用牵动着人文素质教育的方方面面，影响着人文素质教育落实的力度。在对学生人文素质的评价研究中，应始终强调全面评价，即从学生的整体素质考查，看其各项素质及结构是否合理，是否全面和谐发展，同时突出个性评价和动态评价，即在承认学生个体差异的基础上进行，用发展的观点考查和评价学生人文素质养成的全过程，在实践活动中看人文教育持久发挥作用的程度，用实践检验、评价学生的素质状况。

我们强调，人文素质教育的效果评价应重点把握以下四项工作：

第一，开展新生素质调研工作。通过这一工作，高校能够准确把握新生的人文素质基础，为后续教育提供针对性的指导和支持。调研内容应涵盖学生的文化知识、价值观念、道德修养以及社会责任感等多个维度，以全面了解学生的人文素质现状。此外，调研结果将为课程设置、教学方法和教育策略的调整提供科学依据，确保人文素质教育与学生实际需求相匹配，从而提高教育的实效性和适应性。

第二，完善课程管理制度建设工作。这包括明确课程目标与内容设计的合理性、教学方法的创新性，以及评价体系的科学性，同时建立课程内容的动态调整机制，确保与时代发展相适应。强化课程管理制度，意味着要形成有效的课程审查与监督流程，如教师互评、学生反馈机制、外部专家评审等，确保课程内容的高质量执行，促进教学活动的持续改进与创新。

第三，完善学分制管理办法。这要求灵活设置必修与选修课程比例，鼓励学生根据兴趣与职业规划自主选择课程，特别是跨学科课程的选择，以促进知识的交叉融合。通过将人文素质指标与学分体系相结合，确保专业技能与人文素养并重，同时，引入学分银行和学分互认机制，拓宽学习路径，激发学生的学习动力和创新潜力，促进个性化学习路径的形成。

第四，落实毕业生素质测评工作。测评应综合考量毕业生在知识、技能、价值观、创新思维、道德品质等多维度的综合表现，采用多种测评方式，如综合笔试、口头答辩、实践项目展示等，尤其是对批判性思维、跨文化交流能力、社会责任感等人文素养核心要素的深入评估。测评结果不仅是对教育成果的反馈，也是对教育体系的持续改进依据，通过毕业生在职场和社会中的表现，评估教育的社会适应性和长期效果，促进教育与社会需求的紧密对接。

四、汉语言文学与人文素质教育

（一）汉语言文学中人文素质教育的重要性

长时间以来，汉语言文学作为我国重要的语言文学教育学科，一直受到高校汉语言文学教师的高度重视，在培养大学生综合素质、促进大学生全面发展方面发挥着极其重要的作用。特别是对于新时期高校大学生来说，由于当前社会上相关信息相对繁杂，学生在繁杂信息的影响下往往无法树立正确的人生观和价值观，严重影响了学生的健康成长。而在汉语言文学中渗透人文素质教育则能够在完成基础知识传授的同时，对学生思想价值观念加以引导，逐步培养学生养成正确的社会意识，能够客观地看待社会相关现象，为学生正确价值观的树立以及学生的未来发展提供相应的保障。

1. 能够陶冶情操，提升学生的精神境界

汉语言文学教育以其独特的魅力，成为陶冶学生情操、提升精神境界的重要途径。经典文学作品中蕴含的深刻人生哲理、高尚道德情操和丰富情感世界，引导学生在阅读与鉴赏过程中进行自我反思与情感共鸣，从而在潜移默化中塑造其高尚人格，培养出尊重、理解、同情与包容的人文情怀。此外，文学作品中对美的追求与表达，亦能极大地丰富学生的精神世界，提升其审美鉴赏能力和创造美的能力，为构建健康向上的精神风貌提供了不可或缺的滋养。

2. 能够满足和谐高校的建设需求

在构建和谐高校的进程中，汉语言文学教育扮演着桥梁与纽带的角色。它不仅能够促进校园文化的多元化与深层次发展，增强师生间的情感联系与思想交流，还能够通过举办文学讲座、读书会、创作比赛等活动，营造浓厚的学术氛围与人文环境，从而满足高校文化建设对于文化底蕴与精神内涵的迫切需求。在此基础上，汉语言文学教育还能激发学生的社会责任感和历史使命感，引导他们积极参与社会实践，为构建和谐社会贡献智慧与力量，实现个体成长与社会进步的和谐统一。

（二）加大汉语言文学教育力度的举措

1. 选择优秀教师任教

在深化汉语言文学教育的过程中，构建一支学识渊博、教学有方的师资团队是奠基工程。这不仅要求严格筛选那些在汉语言文学领域深耕多年，拥有深厚学术造诣的教育者，还必须注重其是否能将知识以生动、启发式的方式传授给学生，激发他们对中华文化的深刻理解和热爱。通过定期举办教师研修班、学术论坛，鼓励教师参与国内外学术交流，不断更新教育理念，提升教学技法，确保教师队伍始终站在学术与教学的前沿，为学生提供优质而深刻的教育体验。

2. 教材内容合理取舍

在汉语言文学教材的选择与编撰中，应遵循科学性与时代性并重的原则，既要保留《诗经》、唐诗宋词、明清小说等古典文学的精华，也要纳入近现代文学佳作，特别是那些反映时代精神，展现文化多样性与全球视角的作品。教材内容的编排应逻辑清晰，循序渐进，同时注重跨文化对比，让学生在学习中不仅掌握文学知识，更能拓宽视野，增进对不同文化的理解和尊重，搭建起文化沟通的桥梁。

3. 考试方式改革

考试制度的改革需打破传统单一的应试模式，引入多元化评价体系，如口头报告、研究性学习项目、文学创作、在线互动讨论等，以此全面考核学生的综合分析、批判性思考、创新表达及团队合作能力。考试内容应与实际应用紧密结合，鼓励学生将理论知识运用到文学批评、文本解读或创作实践中，促进知识的活学活用，培养解决实际问题的能力。

4. 积极开展教学活动，培养学生健全的人格

开展丰富多样的教学活动，这涵盖了定期邀请知名作家、学者的文学讲座，举办文学作品研读会、创作工作坊，组织文化遗址实地考察与国际文学交流等，这些活动不仅丰富了学生的学术生活，更在实践中锻炼了他们的创新思维、团队合作、公共表达与独立研究能力。通过深度参与，学生能在互动交流中深化对文学的感悟，同时在情感体验中培养人文关怀与批判性思维，促进人格的全面发展，为他们打下坚实的文化基础和开阔人生视野。

总之，随着大学生人文素质教育越来越受到重视，汉语言文学教育将在对学生人文素质引导和提升上做出更多的贡献，高校要加强对该类课程的投入力度，争取能够通过汉语言文学教育培养出更多、更优秀的高校人才。

第三章　汉语言文学的教学模式与方法

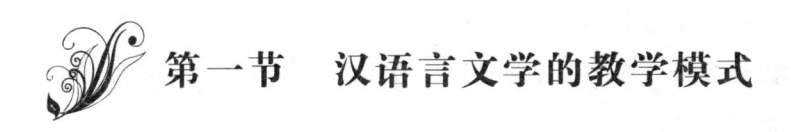

第一节　汉语言文学的教学模式

一、开放教育模式下汉语言文学专业的教学

（一）开放教育模式研究

1. 开放教育模式的特征

与传统教育模式相比，开放教育模式具有三个主要特征：第一，开放教育模式的教学核心是学生和学生的学习，它摆脱了传统教育围绕学校、教材、课程、教师为中心的模式，这是开放教育模式区别于传统教育最显著的特征；第二，开放教育主要以现代先进信息技术、多媒体技术为主要手段，有别于传统教育一本书、一支笔的课堂面对面交流的教学模式；第三，开放教育模式摆脱传统教育受时间、地点、条件限制的困境，为社会上所有想要学习的人提供方便。这三个特征构成开放教育模式，缺少任何一个特征都不能构成完整的开放教育模式。由此可以总结出开放教育模式的概念是指用现代先进信息技术、多媒体技术等为主要手段，以学生和学生的学习为核心，为所有想学习的人提供教学服务的一种教学模式。

2. 开放教育模式的教育理念

开放教育模式与传统教育模式最大的区别是教育理念的改变。开放教育模式主要有三个核心教育理念，分别是服务理念、平等理念和协作理念。服务理念是指在开放教育模式下，教师不是指挥、强迫学生学习，而是将学生放在第一位，一切以学生和学生的学习为中心。开放教育模式中一切都要为学生和学生的学习让位,因此,构建开放教育模式的第一步是转变教学理念,树立良好的服务理念。平等理念是指在教学过程中教师、学生的地位平等,和学生交流是教师的主要工作形式。教师从传统的被迫交流转化为积极主动交流,教师从传统的单向知识传播者向交流者转变。协作理念是指开放教育模式中教学手段和形式丰富多样,教学已经不能像传统教育一样单靠一个教师便能解决一节课程,开放教育模式下教学需要多个教师、多项现代化技术等进行协作教学。例如,网上文言文语言教学直播、疑难解答,需要文言文教学部门、网络通信技术部门、文言文专业教师团队、网络系统维护工程师等多方紧密协作才能完成。

(二) 开放教育模式下汉语言文学专业的教学改革

1. 教学理念改革

传统教学模式围绕教材、教师和学校课程安排教学,课堂教学主要依靠教师,教学理念是以教师为主、学生为辅。教师有时会忽视学生的主观感受和意向,导致教学与学生的需求相背离。在强迫学习的环境中,学生将学习汉语言当成一种义务和包袱,会使学生在长期的压迫下丧失学习兴趣。针对传统文言文专业教育存在的问题,开放教育模式下汉语言文学专业教学应首先改革教学理念。树立汉语言文学专业教学的服务理念、平等理念和协作理念,利用开放教育的先进教学理念构建开放教育模式下的汉语言文学专业教学模式。在汉语言文学专业教学过程中,将学生和教师的地位平等起来,将以教材、课堂、学校、教师为核心的教学理念向以学生和学生学习为核心的理念转变。树立汉语言文学专业教学的协作教学理念,调动多方资源协助教学,充分整合汉语言文学专业的教学资源,实现最优资源配置,提高教学资源利用率,进而提高汉语言文学专业教学效率和质量。

2. 教学手段改革

根据我国汉语言文学专业的特点可知,阅读是提高学生汉语言文学专业学生人文素养、写作技能、获得基础语言知识的重要手段,汉语言文学专业教学离不开大量的阅读资源,因此开放教育模式下的汉语言文学教学改革需要整合教学资源。整合教学资源的具体措施是利用现代网络技术收集、归纳社会上的我国文学精品，辅助汉语言文学教学，整合多元化专业知识资源，为学生提供更好的资源服务。传统教学手段注重教师的教学，手段单一，学生只是被动单向地接受知识，失去主动学习汉语言文学的积极性。语言文学专业教学的改革应注重教学手段的改革，校内课堂主要采用传统教学手段，现代教学手段为辅。校外远程开放教育以现代教学手段为主，传统教学手段为辅。汉语言文学教学手段应利用现代化技术，丰富教学手段和形式，为校内外想学习汉语言文学专业知识和技能的学生提供帮助。如利用网络技术、双向视频技术等，构建网上汉语言文学专业直播疑难解答，构建远程面对面集中授课，完善汉语言文学专业的共享平台，安排专业维护共享平台的教师，及时为学生解决汉语言文学专业教学中遇到的难题，特殊学生特殊对待，开发有针对性的教学模式。

3. 提高教师素质

无论是哪门学科下、何种模式下的教学，都需要教师具有高水平的专业知识。尤其是汉语言文学专业教学，对教师汉语言文学专业知识的要求更高。如果教师不熟悉汉语言专业知识，便不可能做好汉语言文学专业的教学工作。汉语言文学专业对教师的素质要求首先要加强教师专业知识的培训，通过提高教师的专业知识水平，在学生心目中树立专家形象，获取学生对教师的信任，进而提高汉语言文学专业教学质量和效率。据相关资料研究表明，教师与学生之间的知识差距，会激发学生学习的兴趣。随着社会的发展，知识更新的速度不断加快，在这种背景下，汉语言文学专业的教师更应不断学习新知识，加快专业知识学习的速度，提高汉语言文学专业知识水平，为学生更好地讲授知识。其次，教师应加强现代化教育技术知识的学习，熟练掌握现代化信息技术，学会熟练操控现代化信息技术。开放教育模式下的汉语言文学专业教学摆脱传统教师与学生近距离面对面教学模式，以现代化技术为载体进行现代化教学，即"人—机—人"的教育模式。在这种教育模式下，教师应熟练掌握各种与教学有关的现代技术，学会使用视频技术与学生远程面对面交流，学会用社交软件与学生交流，通过交流及时发现学生学习过程中遇到的问题并及时解决，为学生提供周到、细致的教学服务。学校鼓励教师学习远程开放教育理论，鼓励教师学习现代化教学手段，将远程开放教学纳入教师考评。

4. 教学内容改革

因为传统汉语言文学教材只适合传统教学模式，不适合远程开放教育模式下的教学，所以新模式下的汉语言文学教学需要改革教学内容。传统汉语言文学教学内容的不足是缺乏应用性，传统汉语言文学教学内容注重学生知识、理论的提升，忽视能力的培养。针对以上问题，改革应重视学生实战技能和社会实践能力的培养，教学围绕应用性开展。具体措施是：教学内容改革以汉语言文学专业学生踏入社会的就业指导为导向，以汉语言文学专业知识为中心，将教学内容与国家、社会的需求挂钩，培养国家、社会需要的人才。比如，目前我国正处于网络信息时代，社会需要综合素质高的网络编辑人才，学校经过汉语言文学专业就业方向的调查、分析、预测后，应根据实际情况制订各种应用类、技巧类教学课程，增加选修课数量，向学生开放，并根据需求适当调整。

汉语言文学专业教学作为我国教育教学的重要组成部分，关系着我国新闻、出版等行业的发展，学校应响应国家方针、政策，根据实际情况积极改革教学模式、教学理念和教学手段。开放教育模式下汉语言文学专业教学改革应注重现代化教学手段的运用，整合教学资源，提高教师综合素质，在教学内容上重视将学生实战技能、社会实践能力的教学围绕应用性开展。

二、汉语言文学专业教学中的研究性学习模式

（一）研究性学习模式——汉语言文学专业教学的新尝试

1. 研究性学习模式的定义与价值

研究性学习模式，作为一种先进的教育理念，强调在教师指导下，学生主动参与、积极探索、发现、分析问题，通过实践解决过程获得知识与技能的一种学习方式。在汉语言文学专业教学中引入这一模式，旨在激发学生的学术好奇心与批判性思维，培养其独立研究、文献检索、资料分析与理论应用的能力，进而深化对文学作品的理解，提高学术研究素养。

2. 学生主导的课题探究过程

在此模式下，学生从被动接受知识的角色转变为学习活动的中心，主动选择

感兴趣的研究课题，可能是特定文学流派、作家作品、文学理论、文化背景等。通过设计研究计划、查阅文献、组织资料、撰写研究报告或论文，学生在实践中学会如何提出假设、验证理论、归纳结论，这一过程不仅增强了学生的自主学习能力，也培养了问题解决能力与创新思维。

3. 整合信息技术的辅助作用

信息技术的融入，如数字图书馆资源、数据库、学术搜索引擎、在线学术论坛等，为学生提供了丰富的研究材料和交流平台。利用这些工具，学生能更便捷地获取国内外最新研究成果，参与学术讨论，拓宽研究视野，同时也掌握了现代科研必备的信息检索与处理技巧，为未来学术生涯打下坚实基础。

4. 导师指导与同伴评价的双重机制

研究性学习模式中，教师的角色转变为指导者与顾问，提供必要的理论指导、方法论支持及资源推荐，同时，鼓励学生间开展小组讨论、互相评价，通过同伴评价机制促进反思学习，形成积极的学习共同体。这种互动不仅促进了知识的共享与批判性思维的碰撞，还培养了学生的团队合作与沟通能力，为未来社会角色的适应与领导力的培养打下基础。

（二）贯彻、落实研究性学习模式的可行性

1. 教师角色的转型与专业发展

教师需从知识的传授者转变为引导者和促进者，这要求教师自身具备较高的学术研究能力和教学设计能力。通过定期参加教学法工作坊、学术研讨会，教师可更新教育理念，掌握现代教学技术，如项目式学习设计、翻转课堂等，以更有效地引导学生进行研究探索。同时，构建教师间的合作网络，共享教学资源和经验，形成互助成长的氛围，是教师专业发展的关键。

2. 课程体系与评价机制的创新

课程设计应融入更多研究元素，如增设研究方法、文献综述、学术写作等课程，为学生打下坚实的研究基础。同时，课程内容应鼓励跨学科融合，通过选修课、专题研讨课等形式，拓宽学生的学术视野。评价机制也需改革，从单一的考试转向多元化评价，如过程评价、研究报告、口头展示、同伴评价等，确保学生研究过程的投入和成果被公正评估。

3. 资源整合与技术支持

有效整合校内外资源是研究性学习得以实施的物质基础。校内，应加强图书馆资源建设，丰富电子资源库，提供便捷的文献检索和下载服务；建设研究实验室或工作室，为学生提供实践研究场所。校外，建立校企合作、校际交流平台，为学生提供实习、访问学者、海外交流机会。同时，利用数字化工具，如在线学习平台、研究管理软件，提高学习效率，使学生在任何地点都能进行文献查阅、资料整理和远程协作。

4. 学生主体性与学习动机激发

鼓励学生基于兴趣选择研究主题，参与研究项目，通过小组合作，培养领导力和团队协作能力。设立学生学术论坛、研究成果展示会，让学生体验学术成果分享的成就感，增强学习动力。此外，建立导师制度，一对一指导，为学生提供个性化学术咨询，帮助解决研究中遇到的困难，增强学生的自信心和研究决心。

三、汉语言文学专业普通话教学中的翻转课堂模式

（一）翻转课堂模式的特点

翻转课堂模式，又被称为颠倒课堂。传统的教学结构是，白天教师在课堂上传授新知识，晚上学生在家里完成作业，对知识进行消化与巩固。翻转课堂模式是，白天学生在课堂上做作业，巩固所学知识，回家后再自主学习新知识。

1. 预习与复习的前置性学习

翻转课堂模式最显著的特点在于将传统课堂讲授新知识的部分转移至课外，学生在课前通过视频讲座、在线阅读材料等自主学习新内容。这一前置性学习要求学生主动预习，为课堂活动做好准备，使课堂时间从知识传授转变为知识深化和应用的场所。教师则根据学生预习情况，设计更具针对性的课堂活动，提高教学效率。

2. 课堂互动与协作的强化

在翻转课堂中，面对面教学时间主要用于讨论、解答疑惑、协作学习和实践操作，强调深度互动。教师从知识的"讲台上传授者"转变为"引导者"，指导学生通过小组讨论、角色扮演、案例分析等方式，深化对普通话发音、语音、语调、语言表达等的理解和掌握。这种互动强化了师生及生生间的沟通，促进了批判性思维和问题解决能力的培养。

3. 技术手段的深度融合

翻转课堂模式的实施高度依赖于现代教育技术的应用，包括在线学习平台、多媒体资源、互动软件等，这些技术手段不仅提供了丰富的学习材料，还支持学习过程的记录、评价和反馈。通过云平台，学生可以随时提交作业，教师能实时查看学习进度，给予个性化反馈，实现了学习的连续性和即时性，增强了教学的灵活性和个性化。

4. 学习自主性的提升与责任感的培养

翻转课堂模式要求学生对自己的学习负责，自主规划学习时间和内容，这不仅提升了学习的主动性和自律性，还培养了学生的时间管理、自我评估与自我调节能力。学生需主动识别学习难点，准备问题带到课堂讨论，这一过程强化了自我驱动学习的意识，培养了学习责任感。长期而言，这种模式有助于学生形成终身学习的习惯和独立解决问题的能力。

(二) 汉语言文学专业普通话教学中翻转课堂模式应用的必要性

1. 提升语言实践与应用能力的迫切需求

在汉语言文学专业中，普通话教学不仅要求学生掌握理论知识，更强调语言的实际应用能力，包括发音准确、语调得当、表达流畅等。翻转课堂模式通过课前自学理论知识，释放课堂时间，使教师能集中指导学生进行大量语言实践，如朗读、演讲、辩论等，有效提升学生的语言表达和实际应用能力，满足专业实践教学的迫切需求。

2. 适应个性化学习差异，促进全面发展

学生在普通话水平、学习习惯及接受能力上存在差异，传统课堂难以满足所有学生的需求。翻转课堂模式下，学生可以根据自身情况自主安排学习节奏，课前预习时可重复观看视频、查阅资料，有助于消化难点，而在课堂上，教师能针对不同学生的问题进行个别指导，实施分层教学，这种个性化学习策略促进了每个学生的全面发展，提高了教学的针对性和有效性。

3. 强化批判性思维与创新能力培养

汉语言文学专业要求学生具备批判性思维，能对文学作品进行深度解析，对语言现象进行思考。翻转课堂模式的小组讨论、案例分析等环节，为学生提供了批判性思维训练的平台，鼓励学生提出问题、质疑、讨论、论证，促进了思维的深度和广度。同时，通过解决实际语言应用中的难题，激发学生的创新思维，如创意表达、新语境模拟等，为专业学习注入创新活力。

4. 顺应教育技术发展趋势，提升教学现代化水平

随着信息技术的飞速发展，教育领域正经历着深刻的变革。汉语言文学专业普通话教学采用翻转课堂模式，顺应了教育技术的发展趋势，利用在线资源、多媒体工具，不仅丰富了教学手段，还提升了教学互动性、趣味性，使学生在更现代、更贴近现实的语言环境中学习，有利于提升教学的整体质量和效率，为学生适应未来社会的信息化环境打下坚实基础。

（三）汉语言文学专业普通话教学中翻转课堂模式的有效应用

为了确保翻转课堂模式在汉语言文学专业普通话教学中充分发挥作用，在教学设计方面，教师应把学生的实际情况与课堂教学相结合。将普通话教学分为三个阶段来探讨翻转课堂模式的有效运用，具体阐述如下：

1. 信息传递阶段

在翻转课堂模式下，信息传递阶段主要通过教学视频完成，其设计的优劣直接影响学生课前学习的效果与兴趣，因此，应着重考虑以下几个方面：

（1）教学视频的精炼与生活化

教学视频应设计得短小精悍，每段视频聚焦于一个或几个核心知识点，避免冗长乏味。同时，选择贴近学生日常生活、具有时代感的语言素材作为教学内容，如流行文学片段、日常对话实例，使学习内容既实用又易于引起学生共鸣，提升学习的主动性和兴趣。

（2）视频的吸引力与艺术性

为了吸引学生的注意力并维持其学习兴趣，教学视频应注重创意与艺术性，采用多样化的呈现形式，如动画解说、情景剧、专家访谈等，结合视觉与听觉元素，增强观赏性和信息传达的直观性。视频中适当穿插互动性问题或思考提示，激发学生的思考，使学习过程更加互动与主动。

（3）内容定位的准确与难度适宜

教学视频的内容定位需精确，明确教学目标，确保视频内容与课程大纲紧密相连，避免偏离学习主线。同时，视频难度需适中，既不过于简单导致学习没有挑战性，也不过分复杂使学生感到挫败。通过分层设计，提供不同难度梯度的视频资源，满足不同水平学生的需求，促进个性化学习。

2. 课堂互动阶段

在翻转课堂的课堂互动阶段，教学重心转向了深入探讨、实践和反馈，旨在通过高度参与性的活动深化学生对知识的理解，并培养其综合能力。本阶段的有效实施策略可归纳为以下几点：

（1）注重学生的差异性

教师需细致观察并了解每位学生的学习特点、语言基础及学习需求，依据学生的差异化情况，设计多层次、多路径的教学活动。利用预习数据，识别学生在普通话学习中的共性问题与个性瓶颈，针对性地提供指导和资源，确保每位学生都能在原有基础上获得进步，实现学习的个性化与最大化效能。

（2）培养学生解决问题的能力

课堂上应设置情境模拟、案例分析等实践活动，鼓励学生面对具体语言运用难题，运用所学理论与技巧，自主探索解决方案。通过引导学生提出问题、分析问题、尝试多种解决策略，教师扮演指导者与促进者的角色，帮助学生构建批判性思维框架，培养其独立解决问题的能力，为终身学习奠定坚实基础。

（3）灵活运用分组讨论的形式

根据学生的学习风格、能力水平及兴趣爱好，科学分组，确保小组成员间形成互补优势。利用小组讨论、角色扮演、互助教学等多种合作学习模式，不仅能够增进学生间的交流与合作，还能在互动中相互启发，共同提高普通话的实际应用能力。教师应适时介入，引导讨论方向，评估合作成效，确保讨论既有深度又不失广度，真正实现知识的内化与创新。

3. 评价反馈阶段

在翻转课堂模式中，评价反馈阶段的核心目标在于精准评估学生学习成效、识别学习盲点，并及时提供反馈，促进持续改进。具体策略如下：

（1）多元化评价体系构建

多元化评价体系构建包含自我评价、同伴评价、教师评价及技术辅助评价在内的多元化评价体系。自我评价鼓励学生反思学习过程，培养元认知能力；同伴评价促进学生相互学习，增强团队合作；教师评价则侧重于专业指导，确保学习方向正确；结合语音识别软件等技术工具，客观评估发音准确度，提供即时反馈，形成全面、立体的评价网络。

（2）实施形成性评价与过程记录

实施形成性评价与过程记录强调学习过程中的持续性评价，而非仅依赖期末考试的总结性评估。利用学习管理系统记录学生在课堂讨论、小组活动、在线作业中的表现，关注学生语言能力的进步和学习态度的变化，定期提供反馈报告，帮助学生及时调整学习策略，教师也能据此调整教学计划，确保教学活动与学习需求紧密对接。

（3）反馈的即时性与建设性

反馈应快速且具体，针对学生的学习表现提出明确的改进建议，避免模糊泛泛之谈。采用正面鼓励与建设性批评相结合的方式，既肯定学生的努力与成就，也指出不足与改进方向，激发学生改正与提升的动力。同时，鼓励学生间相互反馈，建立互助学习的正面氛围，使评价反馈成为促进学生共同成长的催化剂。

第二节　汉语言文学的教学方法

一、高校汉语言文学专业教学方法

（一）高校汉语言文学专业教学方法改革的重要性

1. 适应时代发展，培养复合型人才的迫切需求

在知识经济与信息时代背景下，社会对人才的需求趋向于复合型与创新型。高校汉语言文学专业作为传承与创新中华文化的重镇，其教学方法改革显得尤为重要。改革旨在打破传统单一的知识传授模式，注重培养学生的批判性思维、跨文化交流能力、信息技术应用能力及创新能力，以适应多元化社会需求，为国家发展输送既具备深厚人文底蕴又能引领时代潮流的高素质人才。

2. 激发挥学科特色，促进文化自信与国际交流

汉语言文学专业教学方法的改革，还承担着彰显中华文化魅力、增强文化自信的任务。通过创新教学内容与方法，如融入更多元文化对比、国际文学交流项目，不仅能让学生深入理解中华文化的独特性，还能提升其在全球化语境中的对话能力，促进文化的国际传播与相互理解，为构建人类命运共同体贡献力量。

3. 应对教育挑战，提升教学质量和学术竞争力

面对教育国际化与学科交叉融合的挑战，汉语言文学专业教学方法的改革是提升教学质量和学术竞争力的必然要求。改革需聚焦于优化课程体系、强化实践教学、推进科研与教学结合，利用现代技术手段如大数据、人工智能辅助教学评价与个性化学习，以提高教学效率与学习成效，使学生在学术研究与未来职业生涯中具备更强的竞争力。

(二) 高校汉语言文学专业教学方法的改革研究

1. 以研讨式教学法培养学生的创新能力

研讨式教学法，作为高校汉语言文学专业教学改革的核心策略之一，旨在通过师生共同参与的讨论、辩论和批判性分析，激发学生的创新潜能。在这一模式下，教师不再是单纯的知识传授者，而是引导者和参与者，鼓励学生针对文学作品、理论争议或文化现象提出个人见解，进行深入探讨。通过小组讨论、角色扮演、案例分析等互动形式，学生能够在多维度思考中锻炼逻辑推理、批判性思维及问题解决能力，为文学创新研究与创作打下坚实基础。

2. 以课外实践教学法增强学生综合能力

课外实践教学法强调理论与实践的结合，通过模拟教学、实地考察、社会服务、文学创作竞赛、文化节活动等多种形式，拓宽学生的学习渠道，将文学理论知识与现实生活、社会实践相融合。这种教学方法不仅能够让学生亲身体验文学作品的创作背景、感受文化氛围，加深对文学作品的理解与感悟，而且能锻炼学生的组织协调、团队合作、公共表达及社会实践能力，促进学生综合素养的全面提升，为未来步入社会打下实践基础。

3. 以灵活的评价方式培养学生的学习兴趣

传统单一的评价方式已无法满足当前教育多元化的需求，高校汉语言文学专业教学改革中强调构建灵活多维的评价体系，包括过程评价、同伴评价、自我评价、项目评价及能力展示等，以全面、动态地衡量学生的学习成效。这种评价方式不仅关注学习结果，更重视学习过程与学习态度，鼓励学生主动探索、自我反思，激发内在学习动力。通过个性化、正向的反馈，帮助学生认识自我优势与不足，调整学习策略，促进潜能开发，培养终身学习的兴趣与习惯，为学生可持续发展提供动力与方向。

近年来，汉语言文学专业为我国培养了大量的专业人才，将我国的汉语言文学知识不断发扬光大。同时，还有很多的汉语言文学人才被引进到其他国家教授汉语言文学知识，将我国的汉语言文学知识推向国际，使更多的外国人学习和认识中国的汉语言文学，对提高我国的国际竞争力具有重要作用。在高校汉语言文学教学中，只有使学生积极主动地学习汉语言文学，才能使学生真正地了解与体会汉语言文学的意义和文学价值。

二、汉语言文学教学方式的革新

社会快速发展，汉语言文学教学需要与时俱进，教学方式也需要革新。应积极优化汉语言文学教学理念，拓宽教学思路，运用现代多媒体技术创新教学方法，激发学生对汉语言文学的学习兴趣，并注重实践，在学习汉语言文学的过程中开展良性互动，强化学生对汉语言文学的认知，推进汉语言文学教学活动的高效开展，以便更好地满足社会发展的需求。

（一）营造良好氛围，强化学生认知

1. 模拟真文学场景重现，触发情感体验

在汉语言文学教学革新中，采用模拟真实文学场景的教学策略，通过高科技模拟、虚拟现实技术等手段重现历史背景或文学作品中的环境，使学生置身于作品情境之中。这种沉浸式体验能够激活学生的感官，触发深层次的情感共鸣，帮助学生更加直观地理解作品情感，深刻体会作者意图，从而深化文学作品的认知与记忆。

2. 知识识产权讨论工作坊，促进深度参与

设立知识产权讨论工作坊，邀请文学评论家、作家及行业专家与学生面对面，就特定文学作品或文学现象展开深入探讨，通过圆桌会议、小型研讨会等形式，鼓励学生积极参与，提出个人见解并进行专业对话。这种互动不仅能够促进学生思维的深度参与，还能够通过专家的反馈获得专业视角，拓宽思维广度，促进批判性思维的成熟。

3. 多元文化浸染，构建全球文学视野

在教学中融入多元文化元素，通过比较文学研究、跨文化文学阅读、国际文学交流项目，使学生接触全球各地文学作品，理解不同文化背景下的文学表达与

思想。通过国际学术会议、海外交换学习、网络合作研究等项目,拓宽学生的国际视野,促进跨文化交流能力。多元文化的浸染让学生在全球文学地图中定位自我,深化对本土文化的认知,同时培养全球公民意识。

(二) 创新教学方法,激发学生兴趣

汉语言文学教学的教学方法多种多样,如文学常识类的问题,学生主要靠识记来掌握。而文学作品的批评等主观思想的问题,则要求教师激发学生的个性化思维,学生可以各抒己见,从不同角度得出自己的结论。在现代教育环境下,汉语言文学为全面提高汉语言文学教学质量,应积极创新教学方式,突破传统汉语言文学教学的局限性,通过使用多媒体,可以丰富汉语言文学教学内容,利用图像、声音及文字的协调作用,吸引学生的注意力,激发学生的学习兴趣,改善汉语言文学教学质量。为促进汉语言文学教学方式的创新,必须要充分尊重学生的主体地位,结合汉语言文学教学需求及学生文学水平,运用互联网资源搜集汉语言文学教学相关资料,确保其能够为汉语言文学教学而服务。在汉语言文学教学过程中,应积极创新教学方法,令学生感知汉语言文学的魅力,通过汉语言文学知识的主动探究,来锻炼学生的语言组织能力与自我表达能力,从而促进高效教学的顺利实现。

(三) 加强实践环节,开展良性互动

在汉语言文学教学过程中,为促进教学方式的有效创新,应针对当前汉语言文学教学方式存在的问题开展客观分析,积极加强实践环节,引导学生开展良性互动,巩固学生所学汉语言文学知识,并强化其实践应用能力,从而改善汉语言文学教学成效。在汉语言文学教学过程中,教师应积极更新教学理念,高度重视汉语言文学教学的重要性,为汉语言文学活动的开展创造优良条件,鼓励学生参与到汉语言文学活动中。通过汉语言文学活动的开展,激发学生的创造性思维,为师生之间和学生之间良性互动创造空间。在汉语言文学教学过程中,促进理论与实践的紧密结合,在潜移默化中锻炼学生思维能力,激发学生的创造力,提高学生的汉语言文学水平,为学生的全面发展奠定基础。在教学过程中,教师可运用现代多媒体方式营造优良的课堂教学氛围,激发学生参与教学活动的积极性,

促进教学方式创新优化。

汉语言文学教学实践性在于听、说、读、写能力的养成，要达到"能读会写"的目标应多阅读经典，多写文章。读的目的在于充实、丰富人的精神生活，提升人的精神境界，写的目的在于创造、创新。正因为如此，在教学中，教师要让学生参与到学习活动中，在学习中领悟精神，并注意引导学生不断总结，形成良好的汉语言文学素养。在教学中，教师应鼓励学生进行模仿性写作，并且应该鼓励学生在多读的基础上进行创作。教师还应鼓励学生多写读书札记，让学生养成"不动笔墨不读书"的良好习惯。

汉语言文学教学方式的创新，应积极优化汉语言文学教学理念，拓宽教学思路，运用现代多媒体技术创新教学方法，激发学生对汉语言文学的学习兴趣，使学生在掌握理论知识的同时注重实践。

第三节　多模态教学在汉语类课程中的应用

一、多模态教学基础

多模态教学是指人类通过视觉、听觉、触觉、嗅觉和味觉这五种感官来感知世界，通过各种感官跟外部环境之间的互动方式即为模态。由五种感官渠道产生了五种交际模态，即视觉模态、听觉模态、触觉模态、嗅觉模态和味觉模态。在教学过程中，利用多种渠道多种教学手段来调动学习者的多种感官协同运作，以达到加深印象强化记忆的目的的教学方法，也可称为视听动触多模态教学模式。

二、多模态教学模式的特点

（一）强调多感官并用

1. 整合视听触多通道学习

多模态教学模式首要特点是其整合了视觉、听觉，甚至触觉等多种感官通道，通过图像、音频、视频、互动触摸屏等多种媒体形式，为学习者营造全方位、立体化的学习体验。这种方式不仅丰富了信息接收的维度，也符合人类大脑处理信息的多感官协同加工机制，提升了信息吸收与记忆的效率，使得汉语学习更为直观、生动。

2. 增强认知参与与情感联结

多模态教学通过激活学习者的多种感官，不仅促进认知的深度参与，还增强了情感与知识内容之间的情感联结。图像、音乐、故事等元素能够激发学生的同理心，使学生在学习语言的同时感受到文化的情感温度，建立起更深层次的理解与共鸣，这对于汉语这类富含深厚文化内涵的语言学习尤为重要，有助于学生更全面地把握语言与文化的内在意蕴。

3. 促进个性化学习路径的构建

多模态教学模式还强调个性化学习路径的构建，通过提供多样化的学习资源和互动方式，学生可以根据自己的学习风格、兴趣和需求，选择最适合的模态组合进行学习。这种灵活性不仅满足了不同学习者的需求，还激发了学习的积极性和创造力，让汉语学习变得更加自主、高效，有利于学生个性化能力的培养与终身学习习惯的形成。

（二）多种教学法联合运用

1. 整合传统与现代教学法

多模态教学模式强调多种教学法的联合运用，首当其冲便是将传统教学法与现代技术驱动的教学法有机整合。在汉语教学中，这不仅意味着保留并优化传统语言讲授、诵读、书写练习等方法，还积极引入在线学习平台、虚拟现实技术、智能辅助教学等现代手段，通过技术赋能传统教学，使得学习过程既稳固基础，又充满现代感与科技感，促进学习效果的双提升。

2. 理论与实践并重

在多模态教学中，理论教学与实践操作的结合也是其一大特点。教学中不仅通过视频讲解、动画演示等模态阐述汉语语法、词汇的理论知识，还设计大量的角色扮演、情境模拟、实地考察等实践活动，让学生在实践中应用理论，体验语言环境，通过"做中学"加深对语言规则的理解与掌握，促进知识向能力的转化。

3. 发散与聚合思维训练

多模态教学法的联合运用还体现在对发散思维与聚合思维的同步培养。通过小组讨论、思维导图、创意写作等模态，激发学生的创新思维与发散性思考，鼓励他们从多个角度探索问题；而案例分析、批判性阅读、总结报告等模态，则引导学生进行信息的筛选、整合，培养聚合思维，提升逻辑分析与总结能力。这种综合训练方式有助于学生在汉语学习中形成全面的思维方式，提高解决问题与创新表达的能力。

（三）教师引导，学生主导

1. 教师角色的催化与促进功能

在多模态教学框架下，教师转变为学习旅程的催化者与促进者，而非单纯的知识灌输导管。他们设计多样化、富有挑战性的学习活动，运用多媒体和数字技术创造沉浸式学习环境，激发学生的好奇心。教师通过提问引导、反馈与激励，催化学生思考，推动学生主动探索，扮演着学习路径上的导航者角色，确保学生在探索之旅中不偏离航道。

2. 学生主动构建与自我超越

学生在这一模式中居于学习活动的中心位置，承担着主动构建者与自我超越者的角色。通过多模态资源，学生能够根据个人学习风格选择最适合的路径，进行自我驱动学习，实现知识的个性化构建。同时，鼓励学生在项目、讨论、展示等活动中自我表达与反思，不断挑战自我认知边界，通过实践与自我修正，实现能力的逐步超越，形成自主学习的良性循环。

3. 同舟共济的师生共创

多模态教学还强调师生间共创与伙伴关系的构建，形成学习共同体。教师不再是高高高在上的指挥者，而是与学生并肩作战的伙伴，共同探讨问题，分享学习旅程中的喜悦与困惑。通过小组合作、师生讨论、完成共同项目，建立平等对话平台，促进知识的双向流动，学生与教师相互学习，共创知识，形成深度理解与创新思维。这种关系促进了课堂的民主氛围，让学生在尊重与信任中自由表达，共同进步。

（四）教学相长

1. 师生共同成长的互动循环

多模态教学模式强调的"教学相长"特点，是指在教学过程中教师与学生之间形成一种相互学习、共同成长的动态循环。教师在设计和实施多模态教学策略的过程中，不断探索新技术、新方法，与学生一同面对挑战，这不仅更新了教师的教学理念和技能，还促进了教师的个人专业成长。同时，学生在这一过程中，通过参与、反馈，不仅学习了汉语知识，也教会教师如何更好地适应其学习需求，形成了一种互动式的学习生态。

2. 反思性实践与即时反馈

该模式鼓励教师与学生都成为反思性实践者，通过教学活动后及时的自我评价和相互反馈，不断调整学习策略和教学方法。教师在观察学生反应、收集学习数据的基础上，反思教学设计的成效，灵活调整教学策略，以更贴近学生的学习需求。学生同样被鼓励反思学习过程，通过日记、讨论等方式分享学习心得，促进自我认知的提升，同时，学生反馈也是教师改进教学的宝贵资源，促进了教学的持续优化。

3. 共同构建知识社群

多模态教学模式还促进了师生共同构建知识社群的氛围，课堂成为知识生成与分享的中心。通过网络平台、在线论坛、协作编辑文档等工具，师生共同创建、整理学习资源，形成学习资源库，这不仅增进了师生间的信息共享，还增强了社群内的归属感与合作精神。在这一过程中，教师与学生都是知识的贡献者与受益者，共同推动了知识的迭代与创新，形成了开放、合作的学习社区。

三、现代汉语课可采用多模态教学模式

汉语言文学类课程包括现代汉语，较少使用多模态教学，不是因为不需要、不适合，而是相比较而言，英语教学通常比作为母语的汉语教学在方法探求上的步子更快一些。现代汉语要解决上文所说的不足，强化教学效果，就应该学习外语学科中的好经验、好方法。

（一）多模态教学可在一定程度上使现代汉语知识更易理解

1. 跨媒体整合，促进感知与认知的联结

在现代汉语课程中融入多模态教学，意味着跨越单一的文字媒介，通过视频、音频、图像等多种形式的整合，建立语言现象与直观感知之间的直接联系。例如，结合实际语料的视频片段来展示语境中的词汇运用，不仅传递了词汇意义，还传授了其在不同上下文中的微妙变化，促进了学生的深度认知加工，使得抽象的语言规则变得具体而生动。

2. 实践沉浸与文化嵌入，提升语用能力

利用多模态技术创造的虚拟或半虚拟环境，为学生提供了接近真实的语言实践平台。通过参与设计的互动剧情、虚拟实地考察等活动，学生能在模拟的文化背景中实践汉语，这种沉浸式学习加深了对语言背后文化的理解，促进了语用能力与跨文化交际能力的同步增长。例如，在模拟的市场交易场景中，学生不仅学会了如何讨价还价，也自然而然地吸收了相关的礼仪习惯和社会规范。

3. 数据可视化与认知图谱，优化知识建构过程

多模态教学还利用信息可视化工具，如动态图表、交互式思维导图，将复杂的语言结构和演变过程以图形方式展示，帮助学生构建逻辑清晰的知识网络。这种做法通过视觉化手段简化了学习负担，使学生能够快速捕捉到语言规则的内在逻辑和关联性，比如利用分支图解构汉字的构造原理，或通过时间线梳理汉语发展的关键节点，促进了高效且有深度的知识习得。

（二）多模态教学可满足学生多样化的学习需求

1. 适应不同学习风格，促进个性化发展

多模态教学充分考虑学生在认知偏好上的差异，通过提供多样化的学习材料和方式，如视频、音频、互动游戏、图文教程等，满足视觉型、听觉型、动手操作型等不同学习风格的学生需求。学生可以根据自己的偏好选择最有效的学习路径，这种个性化教学促进了每个学生潜能的最大化发展，确保了学习效率与效果。

2. 强化知识的多角度接入，拓宽理解广度

多模态教学通过将语言知识以不同形态展现，如图表展示语法结构、故事讲述文化背景、模拟对话演练情境等，帮助学生从多个角度理解同一概念，加深印象，拓宽了学习的视野。这种多维度的知识接入方式不仅丰富了学习体验，还促进了学生的综合思维能力，使他们能灵活运用所学知识于不同情境，增强了解决问题的能力。

3. 支持异步学习，增强学习灵活性与自主性

多模态教学资源的数字化特性允许学生按照自己的节奏和时间安排进行学习，无论是在线视频回放、电子阅读材料还是互动软件，都提供了灵活的访问方式。这种异步学习模式特别适合不同生活节奏、工作负担或学习效率的学生，增加了学习的可及性，鼓励学生自主规划学习进程，培养时间管理和自我驱动学习的习惯，为终身学习打下坚实基础。

（三）多模态教学可加强现代汉语与多种相关学科的关联

1. 跨学科资源整合，拓宽学习视野

多模态教学模式鼓励跨学科资源整合，将现代汉语学习与历史、文化、艺术、信息技术等其他学科内容相结合。通过多媒体素材，如历史纪录片、艺术作品解析、数字化文化展览等，学生在学习汉语的同时，能深入了解相关历史文化背景，感受艺术表达，或掌握现代技术在语言学习中的应用，拓宽了知识领域，

促进了跨学科素养的提升。

2. 联动教学设计，增强综合能力

多模态教学还体现在联动教学设计上，即在课程设计中融入跨学科项目，如跨文化交际模拟、数字化故事创作、语言数据分析等，要求学生综合运用不同领域的知识与技能。这种设计不仅强化了现代汉语与其他学科间的联系，还培养了学生的综合分析、创新思维和实际操作能力，为解决复杂问题提供了跨学科的视角和方法。

3. 桥梁构建，促进学术交流与合作

多模态教学模式下，现代汉语课程成为连接不同学科领域的桥梁，促进学生与教师间的跨学科交流与合作。通过组织跨学科研讨会、工作坊、联合课题研究等活动，学生有机会与来自其他学科的师生共同探讨语言文化、技术应用等问题，这种跨学科的互动不仅丰富了学术研究的深度与广度，还促进了团队合作精神和社交网络的建立，为未来学术与职业发展打下良好基础。

（四）多模态教学让现代汉语课堂形式更丰富生动

1. 沉浸式体验，激活课堂活力

多模态教学通过虚拟现实（VR）、增强现实（AR）技术等手段，创建逼真的语言学习环境，使学生仿佛置身于汉语文化的真实场景中，如古代街市、现代都市、自然风光等。这种沉浸式体验极大增强了课堂的互动性和趣味性，让学生在享受中学习，从而提高学习动力，深刻体验语言与文化的内在联系，使学习过程变得生动活泼且富有实效。

2. 艺术化呈现，提升审美感知

结合文学、戏剧、电影、音乐、美术等艺术形式，多模态教学使现代汉语课堂成为艺术的展示台。通过赏析经典影视作品中的汉语对白、演绎文学剧本、分析歌词中的修辞手法，学生不仅学习语言技巧，还能在艺术的熏陶中提升审美情趣和文化素养。艺术化教学不仅丰富了教学内容，还促进了学生综合人文素质的发展，让语言学习变得丰富多彩。

3. 实践行互动技术，促进参与性学习

利用智能板、移动设备、在线协作平台等现代技术，多模态教学促进了课堂的即时互动与合作学习。学生可以通过在线投票、实时讨论、协作编辑文档等方式，即时反馈学习成果，参与课堂活动，这种即时互动不仅提高了教学效率，还增强了学生之间的合作意识，使学习过程更加活跃和有效。技术的融入，让课堂形式紧跟时代步伐，更加灵活且贴近学生的生活体验。

四、现代汉语多模态教学与考核

现代汉语多模态教学包括现代汉语教学过程与评价过程的多模态。教学由相对静态的理论知识教学和相对动态的实践操作两部分构成。

（一）理论知识的多模态教学

1. 知识点多元化展现，加深理解深度

在现代汉语的理论知识教学中，多模态教学法通过视频讲座、动画模拟、互动图表、虚拟实验等多种形式，将抽象的语音学、词汇学、语法学等理论知识直观化，帮助学生在多感官刺激下深入理解概念。例如，利用动画演示声带图解构音位差异，使学生直观感受声母、韵母的发音过程，这种多元化的展现方式，使得理论知识不再枯燥，而是变得生动可感，从而加深了学习者的理解与记忆。

2. 实践践操作与模拟，巩固理论应用

多模态教学不仅限于知识的展示，还通过模拟实验、软件操作、互动平台等手段，让学生亲自实践理论知识。如利用语音分析软件，学生可以自己录制语音样本，通过软件分析掌握发音技巧；在语法练习平台上，学生通过完成句型转换、语法判断等任务，将理论知识应用于实际问题解决中。这种实践操作不仅检验了理论学习成果，更是在应用中进一步巩固和深化了理论理解。

3. 多维度考核，全面评估学习成效

在考核评价上，多模态教学同样体现出多元化特点，结合线上测验、作品创作、口头报告、小组讨论等多形式，从知识掌握、技能应用、创新思维、合作交

流等多个维度全面评估学生的学习成效。通过在线平台进行即时测验，快速反馈学生对理论知识点的掌握程度；通过创作语言分析报告或教学视频，评估学生对理论的实际应用能力；小组讨论与口头报告则考察了学生的批判性思维和沟通协作能力。这种多维度考核体系，确保了对理论知识学习的全面、深入评价。

（二）实践操作的多模态模式

1. 虚实交融的互动体验，模拟实践情境

在实践操作环节融入多模态教学，首先通过虚拟仿真技术构建仿真情境，将学生带入近乎实际的交流互动中。例如，设计在线模拟商务谈判、文化体验、新闻播报等场景，利用3D模拟或互动软件，使学生在几近真实的语言环境中运用汉语，这种身临其境的感受不仅加深了语言实践的深度，还促进了对文化习俗与情境反应的敏锐度，提升了实战中的适应力。

2. 数字创作与分享，促进跨媒介表达

鼓励学生运用数字媒体进行创作，如制作视频博客、语音日记、图文解说、在线互动剧本等，这要求学生在创作中融合语言知识与技术应用，同时考虑视觉、听觉、文字的和谐，强化了语言的跨媒介表达能力。通过社交媒体或学习平台分享这些作品，不仅扩大了交流范围，还引入了公众反馈，促进了语言输出的多样性和创造性，同时锻炼了学生的自我展示与接受批评的能力。

3. 微观反馈与个性化成长路径

在实践操作中，实行微观反馈机制，结合人工智能技术，如语音分析工具即时检测学生的发音、语调、语速，提供个性化的纠正方案，形成每个学生的成长轨迹。利用数据分析，教师能够识别学生个体强弱点，设计定制化练习，实现精准教学。同时，鼓励学生参与自我监控与同伴评价，通过视频回看、录音复盘、小组互评等，培养自我反思和批判性思维，形成了动态的个性化成长路径。

（三）考核评价的多模态模式

通常课程评价是单一的，教师出题，学生答题，分数就是唯一的学习效果评价标准。这样的考评显然是肤浅的，无法反映出学生除记忆片段知识外的其他能力。现代汉语课可以使用多模态考核评价方式，如教师评价学生，学生之间互评，学习平台数据记录等，使考评更全面，更具个性化；考评手段也可以不限于卷面问答，还可以使用语音提交、视频提交、课堂任务完成等多模态考评。

教师可以在学习平台布置学习任务，学生自选任务完成，系统记录数据，以此作为评价依据。课堂分组完成任务后，学生之间相互评价。这些灵活多样的考评方式，弥补了试卷问答的不足，能全面立体地反映学生的学习效果和水平。

第四章 以学生为主体的写作学课程教学

第一节 写作学课程对学生兴趣的激发

一、充分利用网络和多媒体技术教学，发挥视觉与听觉功效，建构写作学师生互动平台，积极进行写作资料库建设

世纪之初，整个社会全面进入网络时代，多媒体技术对高校教学产生重大的影响和强烈的冲击。很多教学内容、教学方法和教学手段都急需调试与更新。就写作课而言，任课教师可利用网络人机互动交流的长处，发挥多媒体教学将声音、图画、文字相结合形成视觉、听觉共同作用于学生感官的优势，在搭建立体化的网络学习平台，制作形象直观的 PPT 课件，以及充实完善写作课资料库建设方面多做努力。

有人曾对传统写作教学的劣势作过集中分析，认为作文教学程式化，学生缺乏新鲜感，缺乏写作兴趣，缺少主动学习和探究的机会；学生的学习能力受到太多的限制，难以激发写作动机；学生缺少必要的生活情境，作文教学重形式轻内容，写作时难以下笔；教师批改作文周期较长而效率低下，难以做到给每个学生及时反馈，师生之间缺乏交流；学生的作文成果束之高阁，缺乏生生之间的横向比较，竞争意识淡薄，享受不到成功的快乐等等。而这一切几乎是对当前高校写作课教学的某种"白描"，是课堂教学存在弊端的一个缩影，其形成原因固然是复杂的，但很大程度上可以通过多媒体技术得以规避。网络写作教学运用现代教育理论和信息技术，通过对教与学过程和教学资源的设计、开发、利用、评价和管理，以实现教学的优化。

活泼多样的网络资源设置和分配，能部分地克服传统凭借粉笔和口头讲授的不足，激发学生的写作兴趣。当然，对于制作课件、运用多媒体教学，尤其要注意三点：一是尽量避免对学生思考力的弱化；二是配合课程，增加学生执笔锻炼的实践环节，培养学生的感受力和体验力；三是督促学生多读纸质美文，多向传统经典吸收和储备语言资源，少些随意化和口水化的"白开水"式写作，提升文章的文采。

二、增强现场感，运用情境与案例法教学

写作学所包含的取材、主题、构思、表达、文体、修改等八大块的确需要涉及许多理论知识，从基本要求上改变学生的认识，尤其是公文写作更是有很多规范化的格式要求。通常而言，书本理论比鲜活现实要抽象得多，它多以概念、要点和注意事项形式呈现，显得冷静和理性，对高校大学生缺乏吸引力。然而写作教学的最终目的必须使书本理论转化为行动自觉，写作能力的提高需靠学生执笔用形象、生动、优美的语言表达来证实和体现。如前人所言："写作课属于应用性课程，写作课的理论和知识都是为指导操作而存在的。而文章的生成又都是基于一定的社会生活实践情境的，因此，写作教学必须要带领学生走出学校，接触和了解社会实体，在此过程中教师引导学生熟悉特定文本生成背景、收集写作材料。"因此，写作教学中如引进情境和案例相结合的教学法，则能有效避免当前写作课教学的枯燥和单调局面。

比如教学公文写作中"会议纪要"这一专题时，先简要地讲解"纪要"的基本格式后，不妨采用现场模拟和即席写作的方式来组织教学。选派五六名（或稍多一些）学生现场举办一个圆桌会议（强调现场感，而不必寻找专门的会议室，搞得很隆重），有教师担任主持人，抛出事先准备的、和学生生活密切相关的、让他们都有话可说的话题——如大学生可否谈恋爱？大学课余时间如何支配？如何处理专业学习和大学过级考证之间的关系？等等，供参会人员发言讨论，二十多分钟后由指派的会议秘书代笔撰写成会议纪要，与会同学修改完善，最后由老师现场详细讲评，既参与又见证，这样学生便记忆深刻，很快能领会纪要的格式和写法。现身说法的效果是任何单纯理论讲解所无法达到的。又譬如讲解"调查报告"的撰写时本着贴近学生生活的原则，布置"当前大学生选修课现状调查"的调查题目，现场将班上学生分为四组，分别负责制作问卷、接受调

查、问卷回收与分析、执笔撰文，一周后结合文稿讲解调查的步骤和注意事项，这也会给学生留下深刻的印象。如讲到"修改"专题时，给每位学生发放一份在结构、语言、细节等方面存在很多错误和纰漏的范文，让学生当堂修改，然后互改和小组汇报，最后由教师加以总结。只要转变教学观念，无论是高校基础写作还是公文写作，都可以创设很多情境来予以教学，从而使理论讲授变得直观、活泼而生动。

显然，情境式教学法有助于调动同学积极性，使他们在参与中感受和掌握理论知识与书本要点。但需要注意的是，教师所选话题必须紧密贴近学生生活实际，让绝大多数学生有话可说或愿意参与。其次，教师只是扮演组织者和引导者的角色，要竭力使学生成为教学的主体，充分调动他们的积极性和主动性。

三、创造条件"走出去"和"请进来"，组织和利用好各种实习、社会实践活动来训练写作

写作学教学不能只是封闭于课堂上，必须"开放""搞活"，与生活大舞台联系起来。由于写作课内容庞杂，课时有限，要想取得理想效果，必须创造条件"走出去"的同时，也"请进来"，进行血液的更新与互换。

（一）如何"走出去"

所谓"走出去"即表明写作能力的提高不能单纯仰仗于课堂书本教学，还必须在读万卷书之余"行万里路"，大量利用各种活动和实践去锻炼，必须与火热的生活进行碰撞和对话，深入其中去尽情观察、感受、体验和吸收。这不妨从如下三个方面展开。

首先，充分利用校园各种活动来锻炼自己的写作能力、沟通能力和协调能力。比如每年参加一次演讲会和辩论赛，或者其他的开幕式，这促使学生根据特定场景或转变角色构思文稿，训练文笔，在活动中去感受和调试，任课教师及时跟踪并指导其文稿的撰写和修改，使其在参与中领略不同文体的基本要求。一些同学可在学校教务处、学生处勤工俭学之余，为领导出席会议撰写发言稿，对锻炼其文笔也是一种促进（学生为完成领导的任务写稿比在课堂上随机联系要认真

得多,有积极性得多)。有教师主张学生可在校内成立自己的报社和杂志社,机构设置与正规报社、杂志社完全相同,采用全员聘任制。所有职务均由学生担任。定期出版报纸和杂志,作为学生内部交流的资料。学生在调查和采访,策划和组稿,撰稿和改稿中得到锻炼。总之,大学是一个大舞台,是社会的一个缩影,学生可充分利用社团、办公室、各种活动和媒体报刊等来训练自己的写作能力,在活动和参与中得到切实提高,为以后走向社会(那里写作范围更宽广,笔头要求更高)打下基础。

其次,利用每年学生参加暑假社会实践或相关调查的机会,锻炼写作能力。大学四年在校的三个暑假除大三结束后很多同学转向考研复习以外,至少有四个寒暑假供学生参加校方要求的各种社会实践活动,教师可协作班主任或辅导员,在出发前布置适量的作业,比如调研报告、周记、话题作文等,待学生返校后院系组织征文比赛,并通过奖励机制来激发学生的参与性和积极性,确保社会实践和相应写作的实际成效。也有老师主张院系应常与各县市地区的报社、杂志社、电台、电视台合作,成立实习基地,推荐学生去实践。因为有编辑和记者的指导,工作比较正规和系统。实践的目的性较强,对学生能力和素质的提高具有十分重要的意义。此法很值得尝试和推广。

最后,利用学生大四实习归来推动写作示范和讲解。如一些学校汉语言文学专业学生在大一基础写作、大二公文写作、大三新闻写作修完后,就需联系媒体或相关单位进行实习。他们返校后大都在记者、编辑或老师的带领下,"满载而归",有的一个暑假刊登出多篇稿件。我们集中做了两项工作:一是及时进行写作交流和总结,学生畅所欲言,深化了对观察、表达能力的体认。二是将这些发表出来的作品分门别类,供学弟学妹学习和浏览,以增强他们的写作自信,激发他们的写作欲望。同时,任课教师就学生实习写作中遇到的各种问题进行分析和总结,有针对性地予以指导和升华,这对低年级学生也是一种"现身说法"。

(二) 如何"请进来"

所谓请进来即是"大换血",使写作课教学不限于一人主讲,而是"转益多师是汝师",让学生受到多种写作观点和思想的全方位冲击,学习一些书本上学不到的知识和经验。

首先，各院系可以根据自身条件，适当聘请一些作家、记者、编辑、秘书等来校为学生做报告，让他们和学生面对面接触，结合自身经历来谈写作的体验、经验与甘苦等，对在校学生的触动比任课教师讲坛上反复强调甚至更有成效。有的院校利用老师人脉和资源，每年请人（学者、作家、记者……）来主讲，值得提倡。如华中科技大学设立驻校作家办班或授课，已成惯例。此法值得借鉴。至少能保证四年求学期间学生能接触到1—2类人来"现身说法"。实践中培养出来的上手快、笔头过硬、适应性强等能力，是毕业生近年来就业去向较为理想的一个重要原因。

其次，如果一些高校条件有限，可就地取材，聘请校内相关教师来主讲亦可，榜样的作用是无穷的。甚至请已毕业的校友，或者在校研究生或高年级中写作能力比较强的学长为低年级学生做讲座，现场交流，均可实现校内资源共享。总之，要有"开放"的教学观念，请人进来协助教师讲解，对激发学生写作兴趣必有帮助。

"走出去"与"请进来"双管齐下，必将能突破现有单一课堂讲授的格局，实现写作教学的多元化。当然，这需要院系领导的经费投入和主讲教师的人脉资源。

四、建立写作档案或现场面批，以尊重学生个性，因材施教展开教学

每个学生在学习基础、知识结构、价值观念、审美心理等方面都是独特的，是不可取代的"这一个"。其个性特征、人格表现都是迥异于他人的，这决定了当前高校写作必然以学生为本位，以学生的发展为核心，尊重他们的个性，因材施教地予以培养。这是激发学生写作兴趣的前提。

第一，建立学生写作档案，对学生的写作基础进行全面摸底。开课伊始，通过问卷调查了解学生对写作的各种认识，自我剖析在写作方面的优势与不足。然后，全面批改某次学生上交的作文，做好批注和分类工作，了解每一个学生写作中出现的问题，就共通性毛病进行诊断和记录。这样通过直接批阅和间接问卷等

方式，对学生写作功底有一个梗概把握，便于以后每次作文批改时有的放矢地予以纠正和提高。在课程中间和结束时再对照原始档案，来看学生在哪些方面取得了转变和进步，并形成经验性认识。这就要求教学过程中，教师要经常与每一个学生进行单独交流和个别指导。当然，这需要老师付出很多心血，但细致的工作往往能取得可喜的成效。

第二，适当进行面批，增加与学生单独谈话的机会。逐一面批的教学效果是班级集体教学所无法替代的，每一位学生在写作方面存在的问题是各不相同的，教师针对学生存在的具体问题予以指导，加强了教学的针对性。这比老师写评语学生浏览后一放了之、根本不加审视和总结的效果要好得多。也许学生量大，教师无法逐一面谈，但选择学生常犯的某种共同问题（如观察粗糙、审题不准、结构紊乱、病句太多等），分类面批总是可以实现的。此外，教师可专门委托一名班干部，收集学生在写作方面遇到和存在的各种问题，以确定面批时间。针对学生个体存在的问题进行诊断并开出药方，能加强教学指导的针对性，有助于提升学生的写作兴趣。只要学生能发现他在自己基础上不断进步，就会由惧怕写作到正视写作，最后到青睐写作、喜爱写作，甚至终生离不开写作。

五、教学活动和过程中的策划与改进

课堂是教学过程的核心环节。教师在讲课过程中做如下改进，将有助于增强学生的写作兴趣。

第一，针对当前写作教学中理论讲授过多，学生缺乏实践和训练的现实，建议课堂上适当增加感性材料，用生动活泼的素材和直观形象的语言来吸引学生。比如在讲到观察力的培养时，例举唐诗宋词中的经典作品；讲授某些构思、立意等较抽象的"大脑黑匣子"过程时，结合陆机《文赋》中的譬喻"于是沉辞怫悦，若游鱼衔钩，而出重渊之深；浮藻联翩，若翰鸟缨缴，而坠曾云之峻"来展开；讲到具体技法时，可结合文学家的逸闻轶事做适当展开，这些都能极大地吸引学生的注意力，某种程度上缓解书本理论和干巴巴要点本身具有的艰涩感。

第二，在写作课的课时分配上有所取舍和侧重。现有写作学自成体系，绪论、取材、主题、构思等八大块内容极充实，讲授时面面俱到容易占据极为有限的课时，而压缩了原本用来练笔和实践的时间。只有转变教学观念，由教师为主导的教学变化为以学生为主体和本位的教学模式，才能不断推动学生去练笔，在实践中去提高，在各种活动和情境中去体验和感受，达到举一反三的效果。建议讲授和练笔课时分配为2：1，教师必须在写作内容上精挑重点和难点，进行取舍和剪裁，学会放权给学生，或者布置作业让学生进行话题训练，或者召开课堂专题宣讲会。总之，最终教学效果是"授人以渔"。

第三，院系宜创造条件补充写作知识讲座，或者进行写作经验交流会，使学生获得直接的熏陶和启迪。比如聘请当代作家、诗人进校园，与学生直接面对面谈写作。如果说写作课堂是正餐、主餐的话，则相关讲座和笔谈无异于"点心"和辅食，有助于改善学生的写作口味。

第四，任课教师以身作则，在写作上应做出表率，起到示范和激励作用。主讲写作课绝不能只是空头理论家，一些话题连自己都没有体验和经验，一些文体连自己都不会写，又如何去指导学生呢？缺乏说服力只能使理论陷入苍白。因此，当前很多高校在招聘写作学教师时都十分注重其创作成果，比如散文随笔的发表数量，作品获奖的经历等。这种选拔是对学生负责任的表现。一些文科类高校文学院本身就有很多作家型教师，备受学生的欢迎，西北大学更是被誉为培养作家的摇篮，其自身即有作家讲授写作课的悠久传统。这就要求主讲教师平时要勤练笔，多写、会写、善写，以身作则，才会有效地带动学生爱好写作。

第五，结合社会现实和时代浪潮，关注热点话题，作为写作契机。要让学生对写作产生浓厚兴趣，必须在写作标题和内容上吸引学生，调动其积极性，而经常抛出紧扣社会现实的热点话题来举例和练笔，不失为一种尝试。热点问题具有开放性，不同学生可以见仁见智，具有争鸣性。而且，社会话题如源头活水，包罗万象，时时更新，这就要求老师必须关注现实，忌"两耳不闻窗外事"。

六、确立奖励机制，鼓励学生积极投稿发表、举办写作大赛，大力进行宣传

适当的奖励是对学生写作能力的肯定和鼓励。高校宜从学校到院系形成奖励机制，建议为学生写作设立专项奖。比如每学年根据学生发表稿件的级别和数量，选出优异者进行奖励，同时在全校（院）张榜公示，在评定奖学金时分值上有所侧重。不仅如此，教师还应全力支持学生去投稿和发表，将最终发表作品作为评定此门课程平时成绩的重要依据和砝码。

十年树木百年树人，学生笔头功夫是长期积累、厚积薄发的过程，绝不能急功近利，揠苗助长，也绝不能完全仰仗大学写作课堂解决一切问题，这尤其需要在学生求学过程中各方齐心协力，在课程结束后进行持续性的写作训练，直到将其变为一个人的行为寄托和终身习惯。

第二节 写作学课程"以学生为本位"教学模式的建构

一、博览群书：写作教学前的准备工作

写作是一个长期积累的综合性系统工程，涉及主体的知识储备、文学素养、思维方式、审美心理等方面。有人指出，写作犹如海上的冰山，浮在海面上的部分是写作实践本身，可以叫做"诗内功夫"；而沉在海面以下庞大、厚重得多的部分就是因长期、大量积累而形成的底蕴，可以称之为"诗外功夫"。课堂以诗内为主，自由阅读和生活实践则纯属诗外功夫。诚如陆游所言"汝果欲学诗，功夫在诗外"，这就提示我们：学生写作能力的提高绝不能单纯依赖三四十节的课堂教学，而必须建立"大写作观"，将学习延伸到每节课进行之前的平时零散时间，想尽各种办法促使学生进行必要的知识储备，狠下功夫提升学养，即必须在

课堂进行之前（乃至平时和之后）就让学生自觉地"动"起来，让他们在思想碰撞和读书实践中受到良好的熏陶，从而实现由畏惧写作到直面写作最后到亲近、喜好写作的重要转变。

首先，课前引领学生高度重视阅读，储备知识，借鉴模仿，培养语感。古人云书到用时方恨少，读万卷书行万里路，书中自有黄金屋、腹有诗书气自华等，足见读书积累知识、熏陶人性的重要性。读书是写作的基础和前提，它为写作提供重要的源泉，学生不仅可从大量阅读中获得丰富的素材，而且在书香中训练了思维，增长了见识，拓宽了视野，若再结合社会实践，会使写作风行水上，如虎添翼。中国古人早就意识到了阅读和写作之间的重要性。

其次，博览群书还可兼容并蓄，增强语言积累，大量吸收前人的格言警句、歇后语、民谚、诗词、俗话、故事等，在自己写作时恰当运用便可锦上添花。有备无患，积累得越多，驾驭语言的能力就越强。

再者，经常阅读人文作品，还可直接从中借鉴、模仿如何写作。许多名家名作，无论从创作的意图、写作的角度、布局谋篇的变化还是语言锤炼等方面，都有精华所在。注意从阅读中吸取这些方法、技巧，可使自己的创作受益匪浅。很多杰出文学家早期都是从习鉴和模仿开始的。总之，对于大学生而言，阅读无疑是写作的最好老师。

另外，教前准备的关键在于如何形成良好学风，建构一种"读书"机制以确保延续中让学生不断受益？这里推荐三法均可操作：一是依名单轮流登台，利用讲课前5分钟时间在班上分享近期读到的好书、好文（并不局限于写作相关的）。这就能推动学生课余多发现和查找，在交流和分享中获得阅读的乐趣。二是敦促院系成立"读书交流会"或者推荐学生成为学校读书会的会员，跟踪了解进展和动态。适当的时候，就如何读书、读书的范围与方法等举办专题讲座。三是如学人所言，在写作教学过程中，教师可以有针对性地布置学生阅读一些课外书籍、查阅报刊音像资料、观看电影电视或上网阅读收集等，并进行引导、点化、督促和检查。这种布置是教师精心挑选后的"命题"任务，能促使学生有针对性地研读、做笔记和准备发言。

"熟读唐诗三百首，不会作诗也会吟。"督促学生博览群书，既要靠教师的跟踪、检查，也需要不定期地进行指导与引导，更要形成一种习惯和风气，步入正轨，上路后长期坚持，必将终身受益无穷。只有学生敞开胸怀，与古人对话，向大师学习，才能在"自动""自觉"中获得全方位的吸收与启迪。

二、教学过程的设计与实施

课堂是教学实施的主要环节，如何利用课堂时间改变传统的老师单向注入式传授的讲课模式，激发学生的写作兴趣、增强其写作能力是重中之重。所谓课堂教学中以学生为本位，即要求主讲教师必须改变教学观念和方式，教学目标的设计、方法的运用、过程的控制、提问的变换等，均以调动学生的积极性、激发其兴趣与活力为标的，而不是传统方式的"一言堂"，老师不遗余力地灌输、给予，学生只是被动地应对、接受，这种教学模式是在互动、合作、协调的良好氛围中完成的，最终使学生自觉、自悟、自得。作为对传统教学方式的反拨和超越，以学生为主体和本位的教学法不仅使主讲教师从内容杂、课时紧的烦恼中解脱出来，又可极大地提高教学的实际成效。以下几个方法值得在教学实践中尝试和探索。

（一）争鸣式教学：积极开展课堂讨论

这种教学方式能极大地调动学生的积极性，使其积极准备、踊跃参与。思想的火花往往在争鸣、讨论中迸发，学生的创新思维也在争鸣中得到训练。其一，主讲教师要从课程中精选出具有争鸣价值的话题提前发给学生，让他们课余查阅资料，准备发言。比如如下选题：内容和形式谁更重要？思想和语言谁占据主导地位？写作中知识重要还是情感重要？写完后最好是自改还是他改？等等皆可。学生可提出正面或反面观点，也可提出新颖别致的第三种观点，鼓励个人独特思考和积极创新。其二，这些话题立足于书本，具有很大的开放性，学生见仁见智，如同展开辩论赛，虽然没有非此即彼的固定答案，但理不辩不明，教师在课堂上巧妙引导，主控活跃而热烈的争鸣场面，接着在学生补充后由教师进行最终总结与升华，尤其要高度肯定学生争鸣过程中涌现出的创新思想。其三，对于争鸣过程中衍生出的话题，如果学生感兴趣，教师可鼓励其撰文，予以指导，然后修改和发表。

（二）研讨式教学：围绕某一话题查阅资料，进行钻研和拓展

这种教学方式由教师提前抛出话题，学生下来查阅资料、积极准备，形成小论文，然后在上完数次课后交替性利用中间某次专题课机会，让学生登台表达主要观点（限定时间），由学生和老师加以提问，发言学生当场答辩，最后由任课教师结合话题内容、答辩方法、拓展发挥进行总结。有人将之称为"主持人式教学法"。这种教学方法虽然在学生准备阶段是很有压力的，但它重在调动学生自己动手——查阅资料、独自思考、撰写成文、宣讲答辩，全程主要由学生"演绎"，学生有较为充分的表达自由和空间。事后看来，这种训练对学生的锻炼是极大的，有助于增强他们的操作能力，培养其创新能力。并且，这种教学方式是在动态的"过程"中体现，要比布置题目、学生交稿、教师批改的传统方式更具优越性。不过，由于课时紧张，为防止核心内容讲不完，一学期可在上课中间交替举行2—3次即可。

（三）提前布置作业，分组准备发言，老师补充和总结

以学生为本位的教学模式，教师忌讳狠抓讲坛不放，讲得过多过细，而应想方设法调动学生，让他们在课余和课堂上思考、活跃起来，主讲教师要不遗余力地促使其动起来，不愤不启，不悱不发，在引导、督促下让学生自己获得认识，远比等待接受老师给予的甚至灌输的要好得多。有教师为了挖掘学生潜能，培养其创新思维能力，曾指出：

改变传统的填鸭式、满堂灌的教学方法，充分调动学生的主动性。现代传播学原理表明，信息的接受量往往同其流通量成反比。教师讲得越多，接受越少。因而，在教学中，教师不再独霸课堂，不再喋喋不休地讲，更多的是让学生发表看法，进行讨论等。因为，教师在教学中只是主导，学生才是主体。学生知识的接受不仅仅靠教师的讲授，更重要的是学生自己去领悟、去探索。通过精讲的方式，留给学生更多的思考空间，这样既拓展了学生的思维，又培养了他们的创造性，真正实现把知识转化为技能。

这种"转化"的过程也是教师让权和因材施教引导的过程。在高校写作课程上，教师可以配合课程进展，多布置一些小话题，譬如"作家应该具备哪些素养？""创作文体究竟有哪些？""哪些修改方式更实用？""我们在语言表达上常犯的毛病"等等，让学生分组，下来个人思考，或查阅资料，由组长汇总，课堂上组织代表小组集体发言。

此外，很多由书本知识滋生出的延伸性话题，不见得一定要在课堂上检查和进行，也可布置成作业让学生下来完成后定期上交，依次数、态度和完成效果判定30%的平时成绩。学生只有在亲自动手和实际锻炼中写作，才能真正"下水"伸展四肢，掌握游泳的基本本领，写作上获得质的提升。

（四）作文宣读会，进行写作经验交流

即便是在同一年级的学生中，写作水平也会有高低之别。为了让基础较好的学生讲出写作心得与大家交流分享，对同学们形成带动，增强其自信，可在平时发现，并举办"作文宣读会"，即请另外的同学代为宣读论文（比本人宣读要好），然后由作者当场谈其创作初衷、心得，交流感受和体会，传授经验和诀窍。这种方式对学生本人而言是一种肯定、鼓舞和荣誉，另一方面又发挥了主观能动性，同时对其余学生也能起到很好的表率作用。让他们感受到写作并不那么可怕，只要扎实学习认真准备勤于笔耕，也可以登台成为榜样的。

宣读的主体并不局限于本班本年级，还可进一步扩大到学长乃至毕业校友和电台主持人、高级文秘甚至一些杰出作家等（条件允许的话）。只有适时请进来补充血液，多增加主讲和学生互动的机会，学生的写作水平才能不断得到提高。

（五）课堂情境模拟，现场即席作文

生活是写作取之不竭的源泉，而课堂由于时空的变化很难对生活形成再现，这导致很多写作产生的环境、氛围失去了土壤，为了再现彼时彼地的场景，课堂上可现场拟设。如在某次研讨结束后，让学生即兴写篇"综述"，当场面批后再来总结综述的写法和注意事项，学生就会有更深刻的印象。这种"拟设"使每一个同学都是"在场者"。又如，将教室简单布置为会场，学生分为组织方、主持

方和参会者三组，然后设置某个大家都感兴趣的话题现场开会，一刻钟后学生即兴写出会议纪要，接着由老师总结性地讲解这种文体的特点、要点等。或者当场发放一份已复印好的某机关的请示，让学生就其内容写份批复。这些都是情境再现和即席作文的尝试。

此外，针对基础写作的特点，任课教师可以课堂片花的形式来让学生即兴作文，如播放一个3—5分钟的短片，让学生写篇观察小文，中间走动检查学生的写作情况；PPT呈现3份话题材料，让学生快速"立意"；给出一个两三百字的引子，让学生发挥想象续写，当堂面批、总结……这一过程中，任课教师也可自己与学生"同台竞技"，然后平等地与学生交流各自的写法、体验和感想等。这种互动式的教学模式不仅能有效训练学生快速作文的能力（也是日后快节奏的职场所应具备的能力），也能促进学生发散思维、逆向思维的形成。

三、写作课教学效果的反馈与检测

学生的素养、成就和造化是检测学校培养人才质量的指标，而学生的作品、成果则是检测写作课教学成效的主要依据和参照。高校写作课的教学最终是为了全面提高学生的写作水平，使其适应日后职场多种文体写作、用笔头进行沟通和表达并体现自我价值的现实需要。以学生为主体和本位的当前写作课教学，还应关注到学生的反馈与表现这一维度。具体说来，即要形成一种推动写作、投稿发表的激励机制，使学生在课余乃至课程结束后，逐渐把"要我写作"变成"我要写作"，使写作成为一种精神寄托乃至终身习惯。

（一）鼓励、引导学生勤于写作，积极投稿，争取多发表作品

高校学子正处于人生的青春时期，朝气蓬勃，富有激情，感情丰富，憧憬理想，敢于尝试，任课教师要因势利导，调动并利用学生的这种心理特质，使他们挥洒文字，自由写作。鼓励和引导学生积极投稿不失为一种尝试，但这绝不能只是停留于课堂反复强调就可见出成效的。

其一，任课教师要以身作则，最好是个文艺爱好者，勤于动笔并常有豆腐块见诸报端，教学中才有自己独特的体验和感受，也只有这样才对学生具有说服力

和感召力,并且收到样刊后传给学生浏览,分析写作的心路历程。

其二,教师布置班委去期刊阅览室查阅、搜集国内关于写作的主要刊物和栏目的特点及联系方式,及时发放给学生,成为他们投稿的指南,否则只是叮嘱学生写后投稿,他们如无头苍蝇,不知所向。人手一份投稿指南,学生们就有了"瞄准""射击"的靶子。

其三,教师协调院系或班委,根据发表刊物级别和字数进行一定的奖励,既包括物质奖励也不能忽视精神鼓励,有的院校将发表成果作为评定学生平时成就的标准,可借鉴。要不定期汇总学生成果,设置展板予以宣传,这对学生本人是莫大的回报和鼓舞,对其余学生来说也是一种有效的激励。有白纸黑字的铅字作品在手,学生不仅在奖学金评定上有了信心,而且在毕业求职时往往深受用人单位的欢迎,良好的笔头功夫会使学生脱颖而出。

（二）推动学生参加征文和比赛,设立写作奖

主讲写作课的教师还可协调院系和学生会,推动学生踊跃参加学校组织的各类征文比赛,学生往往在参与中得到锻炼,或者通过获奖增加求职的砝码。只有营造出良好的校园氛围,才能激发出学生的写作热情;只有不断推动学生走向前台,多思多练,才能切实提高学生的写作水平。建议各学院根据实际情况专门设立"写作奖",每年举行一次,颁发奖金和荣誉证书。一盘散沙是不行的,只有院系重视、积极组织才能调动同学的写作积极性,使培养的"产品"真正过硬、耐用。

投稿、征文、设奖这三个方面是衡量学生写作水平的砝码,是检测写作课教学实际成效的参考指标。

四、课余将写作与校园活动和日常生活相结合

（一）充分利用校园平台练笔

大学校园可谓麻雀虽小,五脏俱全,诸如演讲赛、辩论赛、体育比赛、班会活动等各种文艺活动比比皆是,屡见不鲜,此外宣传部管辖的电视台、广播电台

更是经常招聘，而各类报刊则多如牛毛。在执教写作课的同时，多鼓励学生去参加这些文体活动，远比社团更能锻炼人的笔头能力。在为准备比赛、征文和开幕式而撰稿的一次次实践中，去感受和提高。尤其是去电视台、广播台和各类报刊，成为那里的记者、栏目责编或者主持人，会有各种访谈、组稿、编辑的任务，还有一群可以自由交流思想的热血青年，对学生笔头写作、团结协商、沟通合作等能力都是一种全方位的锻炼。有人建议寒暑假让学生在参加社会实践活动时，多去媒介机构见习，也很可取。由校内走向校外，由小空间走向大舞台，是学生时代的必然历程。

（二）引导学生自己办报

大学校园中很多院系和行政机关（如学生处、教务处）都有自己的话语阵地，它们大量吸收学生来办刊物、简报等，学生可先去那里学习经验，熟悉办报的步骤和整个流程，然后任课教师在条件允许的情况下，引导他们自己办报。学生从策划到撰稿、组稿、编辑等很多环节，都离不开写作。这种训练是全方位的，必能为学生日后走向社会在文字工作部门能独当一面撑起一片天而奠定基础。

第三节 网络环境下写作学课程的教学新探

世纪之交，社会全面进入网络时代，数字、读图、符号和信息成为人们交流、沟通乃至办事的核心关键词。这种新兴媒体极大地改变和影响着社会的方方面面。在教育领域，多媒体技术对传统的口头讲授、粉笔板书形成极大的冲击。当前，高校诸多课程正在网络环境中作出必要调整，使教学内容、教学方法、教学手段等适应信息化时代的变化与要求。中文专业的写作课程自不例外。近年来，部分教师就此话题展开过研究，并具有一定启发性，但随着博客及微信等新兴交流方式的涌现，这其中还有很多问题值得思考和探讨。

一、建构师生共享、互动的网络平台

网络空间如能充分利用,定能成为师生互动的有力平台,它架构起任课教师和学生之间的桥梁,使双方都突破时空的限制,达到互动的及时性和便捷性。当前,高校写作课教学不能只是简单利用电脑来查阅资料和制作课件,应充分利用这一平台,发挥其功能,使之成为任课教师的"万能钥匙",以及学生的得力助手。可结合写作学课程的性质与特征,从如下几个方面去建构这一立体化平台。

(一) 教师备课平台

教师备课平台包括传统纸质备课教案所涉猎的全部内容,目前在国内部分高校均有开设。例如,写作学课程教学大纲、教学计划、教学要求、内容安排以及任课教师介绍等基本信息,其次,电子教案、简明教材和录像资料、多媒体课件是网络载体的优势所在。此外,电子版书目推荐、练习题及资料引申等也必不可少。当然,录像资料不见得一定是任课教师现场主讲的,凡是相关的均可,或者是导论和概要式的,以避免学生提前了解后较少出勤,对教室课堂缺少好奇和期盼。备课平台不仅可供教师进行电子式备课,很多资源也可直接用来制作课件,便捷灵活,而且对学生开放后,可使其自主学习,增加了解,或者课后温习,以备巩固和强化之用。然而,当前部分高校普遍存在的突出问题表现在,这些栏目设置要么很空,要么很陈旧,没有与时俱进,经常更新(尤其是教案、习题和书目等)显得尤为必要。

(二) 搭建学生学习的网络空间

搭建学生学习的网络空间可从四个方面去填充:首先,"文献资料"可为学生提前准备有关教材,或者获取书目后投石问路地进行阅读,以将写作课学习延伸到课外,尤其是涉及写作研究新进展的论文成果,可带领学生了解学科动态,触摸学科前沿;或者只是和写作内容相关的资料展示,也有助于学生扩大视野。其次,"网站链接"可引领学生进入兄弟院校写作课程建设网,或者能促进学生积极阅读、积累素材的网站都可。再次,"教学资源下载"可适当丰富一些,比如包括各省历代高考作文题、《美文》各期目录电子版、前几届学长的优秀习作、重点院校的考研文学评论题荟萃以及与写作相关的名家报告等视频资料（如余秋雨讲座、国内作家访谈等），只要不涉及版权且对学生提高写作能力有切实帮助的资料，都可提供给学生。最后，也可设置"练习题"（或"思考题"）栏目让学生当场检测，据参考答案自己评判。上机测试省时省力，也是当前网络发展的一大趋势。这些资料需要老师花大力气搜集和整理。

（三）师生互动平台的搭建

师生之间异地异时的互动凭借网络得以实现和延续。这大体又包括"教师答疑""师生讨论"以及"学生建议"三个栏目。"教师答疑"专供教师（同时或异时地）解决学生遇到的各种问题，以网络形式及时回复，在互动中解决学生困惑，也让教师了解到学生的所需所求，以便及时调整教学方式或进程。"师生讨论"则主要在师生之间、生生之间展开，可围绕课程讲授、写作体验等展开，忌将原本是QQ聊天的内容曝光。既然是讨论，最好建议每次抛出一个开放式话题，让师生畅所欲言。选派其中一名干部学生总结每次谈话的最终要点，以逐步改进学生的思想认识。"学生建议"栏则可反映学生对这门课程的感受、评价以及改进建议，包括对"教"和"学"相关的方方面面的看法，为让学生担负责任可采用实名制，以形成师生共同改进、相互促进和提高的良好学习氛围。无论哪种形式，"师生互动"平台的落脚点都在"学生"，而任课教师只是参与者，最终都是利用网络以指导和服务于学生，体现出新时期"以学生为本位和主体"的教学观。

（四）教学效果检测的平台

教学效果检测既包括学生对任课教师在"网上评教"，也包括由学生完成的"题库自我检测"的设置，还包括教师对学生作业的"网络批改"。从而实现无纸化写作、无纸化递交、无纸化批改、无纸化考试的实践性教学环节。除期末考试外，学生的平时专业、自我训练都通过网络顺利完成，既便捷又灵活。

二、相关网络资料库的建设

网络作为一种新兴交流媒介,原本就深受00后学生的喜爱。因此,写作学教学改革应充分利用学生经常浏览网站的机会,来激发他们的写作兴趣,使其每一次浏览都有所收获。在网络平台上建构资源库比发放传统纸质资料的方式更加节省物力和财力,而且配以图画乃至背景音乐等,可更加唯美、形象和生动。此外,网络资源库还可弥补写作教学中内容庞杂、课时有限的不足,督促学生自己去补充知识,增长见识,拓宽视野。约略说来,资料库的建设可从以下几个方面展开。

一是收集、呈现古今中外名家论写作的格言与警句。可分为绪论(整体认识)、材料、主题、结构、表达、语言、文体及修改等类别,数量不在多,而要精辟,具有代表性。

二是近代中、外作家的创作谈。和创作格言凝练精辟不同的是,这一板块集中收集了西方雨果、莫里哀、马克·吐温、司汤达等作家,以及中国鲁迅、郭沫若、冰心、史铁生等文学家关于创作的各种感受、体会和认识,更多的是较详细的经验总结。

三是写作文献资料的介绍,相关刊物、著述和文章都可。比如陈列近三十年来写作学科发展演进历程中具有典范性的教材和著述,如刘锡庆《写作基础知识》《写作通论》,路德庆《写作教程》,裴显生《写作学新稿》,余树森《散文创作艺术》,潘新和《中国现代写作教育史》,董小玉《现代写作教程》等,既可展示每一代表作的梗概介绍和全书目录,也可作出凝练的评析,让读者可以管窥中国当前写作学科的演进态势。同时,选录国内写作学方面的专业期刊(如《写作》《阅读与写作》等),对该刊物主办单位、栏目设置、电话邮箱等稍作介绍,以引领学生常去翻阅,并积极投稿。此外,任课教师率其团队在建设网页时应多关注学科前沿,平时做有心人,多收集国内外典范性的好文章及时予以刊登。

四是国内相关网站的链接。这是网络平台的常用功能,主讲教师精选国内能促进学生阅读和写作的网站均可,比如"公文网""国学网""中国当代作家网"

等，以及兄弟高校中写作课程建设得比较好的院系（如江西科技师范学院等）。

五是刊登学生的优秀习作，同年级或前几届学长的均可，只要具有典范性，在构思、主题、语言、文体等方面可圈可点，都可不拘一格地刊用。这不仅能起到示范作用，也能极大地激发学生的写作热情。虽然作为网络资源刊登文章的门槛要比纸媒低一些，但能让学生看到辛勤耕耘后的成果可以与大家分享，总是很欣慰的。一旦形成传统就可净化校园风气，后几届学生上路就轻而易举了。

这五个方面的资源齐头并进地建设，使学生既能模仿、借鉴前辈名流大家，又可看到自己的实践足迹，极大地配合了写作学课堂教学。当然，每一栏目和板块需要经常更新和维护，忌讳敷衍花哨或徒有形式，"挂羊头"压根儿"不卖羊肉"（这种现象在当下似乎并不少见）。

三、视频和文字资料的恰当运用

多媒体网络系统具有很强的人机交互功能，能很方便地进行师生之间、生生之间的信息交流。多媒体网络系统的突出优势表现在教师在具体的教学过程中，根据教学目标和教学对象，通过周密的教学设计，合理选择和灵活运用现代教学形式，丰富写作信息，让学生在较短的时间里，掌握知识、提高能力的一种教学手段。这种现代化的教学手段集图片、声音、动画、视频等于一体，其信息资源的丰富性和教学的直观性是传统教学无法比拟的，它将课堂教学引入到了一个全新的境界。然而，当前很多高校教师过于依赖或误解了多媒体技术使用，要么重大量视频的播放以形成形象感，忽视了必要而基本的分析讲解；要么不断地进行课件翻页，且文字过多过密，上课如同念经一般，有照本宣科之嫌，学生自然生厌。这已引起学界的警惕和重视。就写作课程而言，如前所述，部分教师已就多媒体技术如何应用于写作教学进行了探索，这里无意于谈论课件教学的利弊，只结合写作教学体验，集中谈些可操作的要点和需要注意的方面。

视频并非越多越好，而是必须和所讲内容紧密相关，主讲教师要善于剪裁和取舍。这似乎是一句空话，任何一门课程都应遵守，然而当前很多教师为了发挥多媒体的直观性和生动性功能，在视频选取方面比较盲目。写作课要在不断地实践之间串讲很多理论知识，引导他们去实地"下水游泳"，正是课程的性质决定了它不可能像中国传统文化、中国现当代文学那样使用很多配套视频来增强形象感。当前关于作家创作谈的一些视频也极为有限。教师只能在讲到"观察""构思"等专题时播放一些社会热点话题或生活场景，让学生现场即席写作，或者以"插曲"和"片花"的形式上来形成话题素材，比如通过两幅绘画构图、色彩的对比展示，让学生进行细致观察区分异同；听一首音乐让学生发挥想象，写出个人独特的生命体验；或者在指导学生如何写影评文体时，适当地播放电影的某一部分，已进入"语境"之中；或者讲到某一公文格式时，链接到政府网站现场演示（不具备讲坛上网的教师也可采用电子版扫描后上传）。总之，多媒体的利用必须紧密结合具体知识点，以服务于教学目的为根本旨归。虽然写作课运用视频教学的机会不及文字多，但只要任课教师平时多留意，搜集和储备相关资料，积少成多，教完几轮（届）后，最终总可以得心应手的。

利用网络进行多媒体教学固然有其优势和长处，但作为"双刃剑"其缺陷和不足也是极为明显的。如下三点是操作中需要格外注意的：

一是任课教师必须平时熟练备课、打开思路，形成"大写作"观念，做生活的有心人来储备素材。将"写作"纳入社会生活之中去浸润和磨砺，毕竟写作的"取材"来自包罗万象的现实生活。因此，任课教师不能只是满足于把写作理论知识讲解得全面而完备，必须增加学生执笔锻炼的机会，要在实践活动中增强其写作能力，书本讲授可贯穿于其中。只有形成"大写作"观念，搜集和整理视频、文字资料才更加开放和多元，不至于面对知识要点捉襟见肘，或者导致视频、文字内容极为单一和贫乏。

二是课件的制作与资料的运用不可太过花哨，使形式大于内容，展示过多，讲解过少，本末倒置。多媒体技术只是一种教学工具，发挥电脑功能，作为教学的辅助，主讲教师不能在声音、图像、文字的编辑方面只求形式完美，而忽略基本的口头讲解和知识分析，以至喧宾夺主。当多媒体的平面展示代替了必要的讲解时，学生对知识点的理解和掌握无法得到落实，而且其思考和感受的能力被剥夺殆尽，这是需要引起警醒的。此外，课件教学切忌照本宣科，教师必须提升教学技能，形成"以学生为本位和主体"的教学观，发挥课堂的主导作用。

三是多媒体教学不能减少学生执笔锻炼的机会（尤其是课时很紧时）。写作能力的提高绝不只是靠教师口干舌燥、苦口婆心讲解得来的，何况许多学生对较空泛的理论知识退避三舍，望而生畏，增强笔头表达功夫必须仰仗多读、多思、多写三结合。尤其是学生练笔的机会不得剥夺。教师必须经常结合视频、文字等教学资料布置学生感兴趣的话题，督促他们勤写、多练，在亲自"下水游泳"中体会写作的各种奥秘。基于课程的性质和特点，写作学锻炼的机会比别的课程翻番。

四、必要的叩问与忧思

网络的出现带来高校教学观念与方式的全方位转变，多媒体技术对传统教学形成强烈的冲击，高校写作课亦不例外。在网络渗透社会各个角落并影响着人们的思维观念、生活习惯和学习方式的大环境下，网络对高校写作课教学带来的诸多现象值得深思。

第一，网络和读图时代到来，学生思考问题的能力（简称"思考力"）和体验、感受的能力正在日趋弱化，读者如何形成富有个性的独特创见有时似乎是一种奢望。众所周知，网络是一个无穷宽广的世界，泥沙俱下，精华与糟粕并存，而学生如无明确的上网查阅目标和较强的判断鉴别能力，极易陷入资料的海洋无法自拔，在不断的链接中耗时耗力；并且在贪婪和占有心理的支配下，不断粘贴复制、占有资料，甚至在读屏中不断"追赶"，丧失了阅读中必要的思考和琢磨，这对写作是不利的（而传统的纸质阅读伴随着墨香、圈定和静思，恰恰能避免这一点）。并且，不改革"展示型"的课堂教学局面，学生被动地陷入平面化的信息接收，真正地"学而不思则罔"。尤其是当前一些多媒体课件教学因课时紧凑而间接剥夺了学生的参与机会和思考时间。"我思故我在"，任课教师要在增强学生思考力方面多想办法多作指导。

第二，学生易在网络浏览中投机取巧地"复制+粘贴"，缺乏情感训练，忽视通过社会实践来积累写作素材。当前信息时代学生过于依赖网络上的各种资料，减少了各种亲自参与社会实践的机会，甚至有的学生误以为不去接触广阔的社会，不在活动锻炼中也可以写得一篇好文章，他们利用大量网络资料直接重新整合，适当添加自己的观点就可完成一篇文章。然而，这对写作抒情类文章是行不通的。言为心声，诗缘情而绮靡，写作是个体情感的表达，而人的喜怒哀乐、悲欢离合各种情感体验都需从社会实践中培养和增强，剥夺了情感体验的根基，无异于釜底抽薪。因此，当前高校写作学教学除充分运用网络优势，进行资料库建设和多媒体技术教学以外，还需任课教师多利用暑假带领学生参加各种实践、带队实习以及进行相关调查等机会，指导和带领学生在生活中尽情地去体验和感受，督促学生抓住日常生活中难忘的瞬间，并将之转化为笔头灵动的文字。

第三，在网络时代写作，应竭力避免毫无文采的口水化语句和随意化表达。随着网络语言的低俗化和大众化，很多学生善于吸收和转化，运用到写作中来，往往缺乏斟酌和推敲，常使表达不够准确和妥帖。我们不否认当前很多网络语言具有俏皮性和生动性，易于让大众理解和接受，但作为写作使用的书面语言，还需要进一步提纯与净化，使表达更加准确、生动、顺畅和富有文采，这是当下创造美文的基本要求。而当前很多00后在写作表达上很随意，往往通篇语句口水化、碎片化，不讲究练字，不讲究文辞的修饰，语句构成简单而无所顾忌，显得粗糙，别妄谈生动形象与美感，没有多少文采，更谈不上表达的意境了。

网络环境带来社会的全方面变化，多媒体技术改变着当前高校写作学课程教学的内容、方式、手段和效果，任课教师既要投入心血、组建团队、与时俱进地精心建构各种资料库，也要在教学过程中恰当地使用视频和文字资料，努力增强自身学科意识，提升自己的教学技能，克服网络和多媒体教学带来的负面效应，终能开拓出新时期写作课教学的一片新天地。

第五章　美学课程教学的实施

第一节　当前高校美学课程的常用教法

美学是从人对显示的审美关系出发，以艺术作为主要对象，研究美、丑、崇高等审美范畴和人的审美意识、美感经验，以及美的创造、发展及其规律的科学。美学是以对美的本质及其意义的研究为主题的学科。

美学课程是一门汉语言文学专业的基础性、提高性和素质性的课程，通过它的学习要求学生了解美学的对象和范围，美学的学科性质。美学的学习方法在于培养和提高学生发现问题、解决问题的能力和水平。

一、不同的教学理念

商业社会到来之际，对当代大学生进行必要的审美教育已成学界共识，美学课逐渐从哲学、文学专业领域走向全校公选课平台，得到高校师生的普遍认同。在教学中必须因材施教，根据接受对象的层次、类属、特点等不同，采取相应的授课方式，而这基于不同的教学理论。

对专业学生开设美学课，主要系统而深入地讲授美学基本知识，包括美的本质特征、美学学科史、审美范畴及其发展、审美意识及其特征、审美心理及其构成等，涉及美的本质、构成、心态、经验等关键内容，从而使学生具备一定的理论素养，既为鉴赏、评析身边各种审美现象打下基础，也为顺利地衔接到其他相关课程（如"文学概论""中国古代文学"等）学习作出有力铺垫。一句话，《美学》作为专业课必须在建构学生审美体系、形成审美理论框架、增强其审美素养等方面，作出积极努力。教学内容的确立和教学方法的选择等，都应围绕这一基本理念展开，无论是课程中对周边审美现象的分析例举，还是课程中部分地涉及自然、社会、服饰等专题审美领域，都宜作为审美理论知识和体系框架的延伸与拓展。即专业课的美学教学，宜以形而上的美学理论知识梳理为主，以训练学生的抽象思辨力、审美分析力为基本导向。

而高校公选课的开设主要在于针对学生的兴趣爱好，通过多学科涉猎完善其知识结构，以拓宽学生的学术视野，增强其文化素养，为社会输送具有宽口径和跨学科素养的人才。故美学课无论是作为所在学院临近专业的选修课，还是作为全校理工科专业的基本公选课，其教学理念在于使学生初步掌握一定的理论知识后，涉猎居室、饮食、广告、科技、人体、工艺等不同专题领域的审美，以切实增强学生的鉴赏能力，提升其审美水平。一句话，美学作为公选课不宜过多停留在审美体系和理论框架上，应在形而下层面增强其实用性，贴近学生现实，涉猎和学生兴趣爱好密切相关、和今后工作生活须臾不离的专题领域，使之真正"接地气"。

从我们的实践来看，如果错开交换着上，其效果就会大打折扣：使得专业学生基础不牢，公选课学生听得满头雾水。

二、不同的教学内容

不同的教学理念关乎美学课程开设的价值、目的和意义，也决定和影响着对教学内容的取舍和分配。在高校教师普遍反映美学教学内容庞杂和课时有限存在矛盾的情况下，如何选择教学内容、怎样开展教学设计，就显得尤为重要了。

对于文学、哲学等专业来说，美学课程一般开设36课时或40课时，前松后紧或虎头蛇尾的教学，或者学生学完后没有形成脉络线索和知识体系的教学，都是失败的。而这在当前高校文学院、哲学院中并不鲜见。一些学生甚至据此得出"大学大学，就是大而化之地学"或者"大学大块地不学"之类的认识。为改善这种局面，有效遵照美学课程教学大纲、教学设计就显得十分必要了。据我们的经验，由于汉语言文学专业学生在修完文学概论、马列文论以及大部分中国文学史、现当代文学等课程后才开设美学课（一般在大三高年级），初步具有一定的作品品鉴力、文本感悟力以及必要的理论思维力，水到渠成地学习美学课程就有了一定的专业基础。我们将40课时分为三大组成部分："引论"部分主讲"美"及"美学"本体——美的内涵、本质及特征，美学学科发展史，涉及中外著名美学家对美的探寻，不同派别涌现出的观点及其评析，美学发展历程中的经典人物和著作等，明了美学课程研究的对象和范围。附带性论及美学研究的意义和方法等，这部分约 7 课时。主体部分精讲审美活动、审美类型、审美意识、审美心理、审美文化五大板块，重点掌握审美发生的几种主要理论学说、审美意识的形成与发展、关于优美崇高等审美范畴以及审美活动的各种流派等内容，从而提升学生的抽象思维能力（毕竟关于美学课程的大部分书籍都置于图书馆 B 类中），建构学生关于美学学科的理论知识结构。这部分约 28 课时。第三部分主讲与人们工作生活最密切的自然美和社会美，配以大量案例分析和作品赏析，增强学生欣赏美和创造美的专业能力，约 5 课时（亦感觉很紧凑）。显然，对于专业学生来说，因有一定的专业基础，为充分发挥美学学科在其专业学习中的主干地位，第一、二部分是课程的主要组成部分和关键内容，其中第二部分是课程的重难点。这种教学设计既有关于美学学科发展的"史"的纵向回顾，也有关乎美的各层面的横向探讨（如审美活动、审美类型以及美分类中的自然美和社会美等），对培养学生的理论素养和审美能力有着较明显的成效。而在课时有限的情况下，对于一些教材中所涉及的艺术美、科技美、大学生美育等，或者在课程最后由任课教师点出、布置，让学生下来自修，或者干脆省去。原因有二：其一，美学课程不能大而化之地包罗万象，这无异于消解了美学应有的边界。况且学界对于"艺术审美"是否应大篇幅进入当前美学课程中持有怀疑和批判的态度。其二，大学课堂不是教材的完全照搬，不是主讲教师的满堂灌，教师需针对教学需要做出相应调整，灵活自如地进行教学设计，教师在主导课程的同时还学生学习的自主权。

而作为公选课的"美学概论"，其授课对象面向全校四个本科年级不同专业理工科学生，他们多半抱有提高审美欣赏水平的学习愿望（不排除有相当一部分为完成学分而选择相对轻松一些、也不那么严格的课程），且学习基础较弱，缺乏相关的作品积累，故在教学内容的选取上必须考虑到学生的实际，尽可能体现课程的实用性，他们对高深而抽象的美学理论不感兴趣，更乐于接受那些从身边常见的审美现象入手总结出审美认识的基本内容。因此，照搬给专业学生教学的美学知识显然不合适。我们在 32 课时的美学概论公选课上，采用如下处理方式：

在导论部分用2课时讲当前对大学生进行人文教育和美育的必要性，从而将美学课程置于社会环境中人的全面发展的语境中审视，突显此门课程的重要性和必要性。然后设置两章，利用约6课时的时间集中讲解两个问题："美学"是什么？"美"是什么？前者涉及美学学科史，后者关乎美的本体及其内涵、特征等内容。在串讲过程中涉及中国著名美学家关于美的探寻及形成的各种流派、各种关键人物等。紧承其后，用24节课时依次讲解和大学生学习生活——乃至今后工作、处世等密不可分的10个实用专题：自然美、社会美、人之美、服饰美、居室美、饮食美、广告美、科技美、工艺美、艺术美，从而将教学重心落实在实用性审美上而非纯粹的美学理论上。这种做法显然对审美范畴、审美心理、审美意识等内容作了淡化甚至省略处理，仅有开头两章涉及美学理论。虽然面对的是理工科学生，但作为美学学科绕不开的重要内容，这两章也是必讲的。其次，在立足于具体实用性专题讲解时，课时依然很紧，对于"广告美"和"艺术美"等则可做简化处理，部分内容可采用布置作业、上交备案的方式让学生自学，或者提供研讨题目让学生汇报和交流，由教师检查和备份。

需要说明的是，纵观国内近三十年先后涌现出的数十种美学概论教材，真正适合教学的并不多，部分教材或者是纯学术研究的产物，内容虽具有前沿性，但过于晦涩和艰深，教师难教、学生难学，即忽视了教学的特殊性，不适于教学；或者如一些职业类教材过于简略，内容上无法涵盖美学学科应有的基础知识。因此，主讲教师有必要有针对性地选择2—3种教材，相互参照，取长补短，有效进行教学内容的取舍与补充。由于任课教师专业的不同，对部分内容有所侧重和偏好也是可以理解的，只要在深刻理解美学学科的特殊性（不同于艺术学、文学等）和充分考虑到授课对象的前提下，适当发挥、拓展和调整是值得提倡的。

三、不同的教学方法

教学方法的选择直接影响到最终的教学效果。教学方法的运用既体现出任课教师的教学能力和水平，也关乎学生最后的收获。无论面对哪种类型的学生，美学教学大纲上均有"增强大学生审美水平"的条目，故其教学方法具有一定的共同性。这主要体现在两个方面：

第一，采用师生互动式教学法。无论是讲解美学课程的理论还是具体应用部分，教学中均不可一言堂、满堂灌，任凭教师唱独角戏，否则，当讲到审美本体和学科史的追寻时，学生就会产生厌倦感，并最终失去学习兴趣。教学中要发挥教师的主导性，体现学生学习的主体地位，在互动中推动学生积极思考，激发其学习的主观能动性。

我们在设计问题时通常遵循三大原则：一是来自学生周边生活，让学生感到亲切，有话可说；二是具有开放性和包容性，任何学生都可见仁见智；三是在思考过程中能够运用并体现出课堂所讲的审美理论来。经数届学生检验和反馈，以问题主导课堂的互动式教学不仅使教师教学胸有成竹，而且也能促进学生积极思考，有效改善课程的沉闷气氛。这种教学方法值得推广。

第二，绝不停留在理论的单向讲解上，而是将其与实践相结合，增强美学知识的实用性，促使学生在实际应用中逐渐提高审美欣赏力和品鉴力。因此，我们设置的课堂提问或者课后作业，均来自学生周边实际，具有很强的实用性，力图让每个学生都可随意发挥、畅所欲言。

过多的理论讲解会使学生觉得课堂枯燥乏味，这是当前许多高校美学课程教学中的一个通病。结合形而下层面、增强美学的实用性已成为学界共识，许多学人均有过呼吁。从学生反馈来看，这可能是当前美学课程教学的一大趋势。

作为专业课，在审美理论知识上力求讲得深入、透辟，在此基础上形成教学内容的逻辑链条，切实增强学生的专业功底。在讲解"美之本体"时，设计如下节次：从历时性角度学习西方哲人对美的艰难探索，追寻柏拉图等名流的足迹展开思索；美的根源；美的本质；美的特征。运用人类学、心理学和文化学的方法，深入讲解审美意识、审美心理和审美文化等板块；紧密结合文学、戏剧、影视等艺术门类中的具体作品，讲解优美、崇高、悲喜剧、中和、滑稽等审美范畴。审美理论讲解的深入和透辟有三个基本保障：一是课时倾斜，占据专业课时的80%左右；二是紧密结合专业作品。如讲到美学学科发展中维科的"诗性智慧"时，让学生从中国古代文学（或文论）中寻找经典范例予以论析；在讲到美的特征具有感染性和创造性时，让学生从古今中外文学作品中举例分析，增强其运用能力；三是在具体讲解中充分考虑到前后课程的衔接性和延续性。如讲到审美经验、意境等理论知识时，勾连起文学概论课程中的文学创作机制、文学形象中的意境等内容，从而增强专业学生链接知识、融会贯通的能力。而在公选课美学概论课堂上，这种讲法显然超过了学生的现有基础和接受能力，不太适宜。而公选课美学概论课堂中，既有信电、化工、安全、建筑等理工科学生，也有法学、社工、广电、会计等社科类学生；既有告别高中刚入大学的新生，也有受过三年专业熏陶的大三学生。学生类型的多元化要求教师照顾到不同学生的胃口，必须脑子中始终装有教学对象，使课堂讲得深入浅出、通俗易懂，同时不乏学理性。据此，美学课程可在增强课堂形象、生动性上多下功夫。

做法有二：一是无论在美学理论章节还是实用专题章节，在讲解中增补大量直观性图片。世纪之交日常生活审美化对传统审美形成巨大挑战，呈现出审美大众化、审美课题视觉化、审美方式直观性等典型特征。这在大学课堂也不例外。由于修课学生全为00后，他们是在网络信息化和审美图形化环境下成长起来的一代，对于直观图像的敏感和喜好远远超过静止的文字符号。因此，我们在公选课备课中花费大量时间搜查各种配套图像资料。如在讲解"什么是美"时，为帮助学生从各种丰富的生活经验中获得启发，依次辅以代表性的十余张精美图片：鲜花、校花、吉檀迦利、时尚模特、秀丽山川、楼阁、云雾、长城、飞流瀑布、雄伟长城、焦裕禄、贝多芬……播放瞬间辅以点睛之笔的解说，学生们在全神贯注中露出会心微笑，在一场视觉盛宴中获得审美享受，啧啧称奇。这种图像的直观性冲击远胜千言万语的描绘。在讲解"美的来源"时，辅以古希腊之后代表性的图案、书画和雕塑等，都取得了显著成效。尤其是在涉及"形式美"时，图像更是发挥了单纯文字无法言传的魅力，各种建筑、人体、花朵把"形式美"的线条、味道、颜色等要素及其魅力展示得淋漓尽致。二是精心搜查、下载相关视频资料，以"片花"形式结合内容讲解和播放。这有利于充分发挥多媒体手段视、听兼备的优势，全方面刺激学生感官，"多管齐下"地调动其学习积极性。比如在讲解"自然美"时，辅以黄山、嵩山、九寨沟、野人谷传说方面的视频（多为纪实片），一般以3—8分钟为宜，或者剪辑其中片段直观呈现，使学生足不出户就能随着讲解而"走遍天下""神游四海"。在讲解"社会风尚和习俗美"时，辅以《王刚讲故事》片段、《今日说法》片段等，都取得了较理想的教学效果。

我们在每年教学备课中不断发现和增补视频，三年后将之刻录为 10 G 的光盘。所含内容极为丰富，教学中基本能做到"信手拈来"。

在主讲公选课美学概论时，为了体现教学的形象感与生动性，无论是在图片视频资料的选择上，还是在口语的传达上，力求把握四个原则：一是资料多元化，照顾到不同专业和年级的学生，既有艺术类的各种室内设计和现场演唱，也有建筑类的各种道路桥梁、铁塔夜景。二是图片和视频资料的新颖性，由于一些教师每天听广播、看新闻、刷微信的习惯，对于新近社会各界发生的典型事件了如指掌，随时将其纳入 PPT 中作为课堂案例予以分析，让学生感到新颖和亲切。三是图片和音频资料的运用应服务于内容的讲解，而非简单地呈现，使知识讲解和音像资料融为一体、紧密关联。四是直观资料运用的前、后，或者以设置问题的方式推进课堂，或者以发言讨论的方式及时分析总结，使之成为学生加强体验、得出认识、获得教育的重要载体。

四、其余方面：考核方式的不同

基于授课对象、教学目的的不同，为检测出学生掌握知识的牢固程度以及运用课堂所讲去分析具体文化现象的能力，美学概论在课程考核上突破 3∶7 的传统模式，采用不同的方法。

对于专业学生平时 30% 的成绩，不再采用考勤和交作业相结合的方式考核，改为提前布置章节题目，由学生下来准备，然后利用课前 5 分钟登台讲演的方式。这既锻炼学生面对公众阐发观点的自由表达能力，也锻炼了他们运用书本理论分析实际生活问题的迁移能力和应用能力。而对于 70% 的期末考试，则由学生自主选择：或者提前告知题目学生下来准备，考试时仅带草稿纸来作答；或者采用闭卷考试，在答卷上自由答题。经多次试验，学生更倾向于采纳前一种方式。

对于公选课美学概论，采用事先布置作业题目、学生提交作文的传统方式考察，往往事倍功半，交上来的多是网上拼贴、复制的作业，甚至宿舍成员之间论文相互"撞车"的现象比比皆是，这既不利于独立思考能力的锻炼，也不利于学生创新能力的孕育和激发。为改善这种局面，切实增强学生的应用能力，我们采用提供思考方向、学生制作 PPT 或短片、登台交流讲演（时间不够无机会者可直接提交作业课件）的方式来检测结课的70%。这极大地减少甚至避免了学生拿到题目后，不假思索地就网上"剪刀加浆糊"般拼贴、抄袭的不良学习习惯。

在学界高度重视科研、轻视教学及其改革的当今，部分高校教师在时间精力有限的情况下逐渐意识淡薄、怠慢教学，同一门课程教案往往通用于所有专业和年级，我们不敢苟同这种做法。美学乃至一切其余课程的教学，均应遵循"因材施教"的理念，针对不同专业、不同基础的学生，选择不同的教学内容、采用不同的教学方法等，才能实现各自的教学目标。以上两种不同教学方法的尝试尚处于初步探索中，需在实际教学中进一步调整和完善。

第二节　美学教学中的"平衡"原则

所谓"平衡"，即事物各种构成要素之间寻找到某种协调和均衡，避免某一要素过于突出，另一方遭受压制和遮蔽，从而走向偏执、极端等反面。它关涉一种分寸的把握与适度。在美学教学中的"平衡"则来自主讲教师在教学设计时对教学时间的安排、内容的选择、思维的运用、方法的调度等，作出有助于最大化实现教学目标、提高教学效果的灵活处理。

一、内容平衡

为何要在大学普遍开设美学概论课程？其教学目的和意义何在？一句话，开设本课程的指导思想是适应加强大学生素质教育的需要。从各科类大学生的普遍需求出发，兼顾文理科学生的不同审美情趣和审美实践，注重通识性美学知识的传授，引导学生将所学的美学理论应用到生活中的审美实践，激发学生在美学理论指导下去创造美的热情。然而，在课时极其有限的情况下，如何最大限度地发挥这门课程的人文教育功能以切实提高大学生的审美欣赏力和创造力？我们认为宜在教学内容上取得平衡。

美学课时大幅度压缩后，一些教师往往抽选部分章节，蜻蜓点水、大而化之地稍作梳理，或者上至高潮处、关键段便临近结课，学生囫囵吞枣、走马观花地过一遍，根本无法建构该门课程完善的知识结构和理论体系。起初很多老师颇多怨言，认为教务处不懂教育规律。其实，这与传统的教与学的体制较顽固、师生的教学观念有待改变有关。在美学课程教时有限、内容庞杂的情况下，实施"平衡"原则不失为一种改进之途。

其一，根据教学对象和目的意义，对教学内容适当、合理地进行剪裁和取舍，精选最核心、最基础性的内容。通观当前各种美学教材，无非涉及如下内容：导论（美本体及美学学科史等）、审美活动（艺术起源、美的来源等）、审美范畴（优美、崇高、悲喜剧等）、审美经验、审美意识、审美心理、审美文化等。这些主要板块构成美学学科完整的理论体系，然而在这个精美的"瓮"中，在我们看来某些美学知识只限于科学研究，并不见得适合于课堂教学，一些内容比较艰深晦涩，作为学术研究谓之前沿未尝不可，但作为教学内容学生难以理解和接受，如"审美经验""审美文化"可以简略提及而大可不必展开，或者作为教师研究成果予以介绍和推荐，这对引领、启迪学生多思考、适当拓宽视野是很有益处的。再者，"审美心理"涉及大量文艺心理学方面的内容，在文学概论等课程中有涉及，也不必展开。故权衡、取舍后的教学内容有两个特点：一是为本学科最核心的基础性知识，如导论、审美活动、审美经验、审美范畴等内容，无论面对专业学生还是全新公选课，都是必讲的主干内容。二是教学内容总体上适合于学生接受，与课时取得了某种平衡。因此，无论是新教师还是老教师，执教美学时要摒弃那种"贪多求全"的教学观念，"样样皆抓样样垮，样样皆通样样松"，美学教学要突出教学的重难点。

其二，在美学教学中，理论性内容与实用性内容要取得某种平衡。美学在传统古代艺术概念中被定义为研究美的学说，现代哲学将其定义为认识艺术、科学、设计和哲学中认知感觉的理论和哲学。这门关于感性学问的学科，从学科归属来说属于哲学类，因文学艺术的创造、欣赏和批评均离不开必要的美学理论，故此课程在国内很多高校的学科设置中置于文学院（或中文系）汉语言文学专业之下，在哲学、艺术学等专业也有开设，只不过讲授的出发点与侧重点稍有区别。因此，学科的特性决定了美学重在传授审美理论知识，各种审美现象不过是教学中帮助学生理解知识、掌握理论的案例罢了。然而，在讲到审美类型时，涉及诸如自然美、社会美、形式美等相对形而下的内容,而这些关于旅游、风俗、科技、服饰等具体领域的审美知识更容易引起学生的兴趣,这些与生活密切相关的类型审美,对学生当前的学习和日后的工作都有极大帮助。

美学课程开设的目的在于,通过系统学习审美理论知识,增强学生的审美能力,提升其欣赏水平和文化素养。因此,理论知识的系统学习是前提,不可或缺,如教学中始终停留在相对"形而下"的审美实践层面,则容易架空美学,一方面学生的理论思维水平得不到锻炼和提高,日后分析和解决涉美学问题的能力无从体现;另一方面基础的薄弱和知识的不牢固,将带来后面学习无法弥补的负面效应。

然而,过多地讲解审美理论,在课时紧凑的情况下省去具体领域的审美实践部分,则也容易产生两大弊端:一是课堂易陷入沉闷,学生听课枯燥、乏味(教师在讲解过程中贯穿部分丰富的实例、感性的现象乃至精美的视频图片等资料,也可一定程度上缓解课堂的枯燥感,"稀释"理论的抽象性),容易丧失学习兴趣;二是学生的应用能力得不到有效的训练,日后很难在生活中面对鲜活的实例做出审美的欣赏、评析乃至创造。美学的教学要引领学生在实际生活中如何运用所学审美知识,调动感官去看、去听、去触、去嗅、去说,在拥抱生活中去欣赏美和创造美。并且,随着新时期商品社会的深远影响和网络信息时代的到来,加强美学教学中的实践性环节,提倡将审美理论与具体现实相结合的呼声与日俱增,几成今日美学教改的显著趋势。

我们认为无论美学课是 48 课时还是 32 课时,教学中宜在理论知识和审美实践中寻找到某种平衡。我们的做法基本是七三开,即在讲解基本的审美理论知识时,大量从学生周边、生活近处选择鲜活的案例予以分析;无论课时多少,在合理分配学时、进行教学设计后总会留出 6—10 课时来学习"形式美""自然美""社会美"三个最基本部分。如为公选课,则可加大审美实践教学的力度,涉及衣、食、住、行及科技、广告、工艺等不同门类和领域的审美。

二、时间平衡

近十年来,在教育部不断发文推进素质教育、大力进行高校教学改革的趋势下，高校各专业课程大力压缩课时，加大了实验技能、学生自修、实践运用等环节，从而使传统的由老师从头至尾主讲、学生被动接受的教学局面受到巨大冲击。一些涉及时代较广、作家作品较多的课程如中国古代文学、外国文学史等，在有限的课时内根本无法上完。设想美学改为64课时，能上得"完"吗？无非是多涉及一些内容少留些遗憾罢了。因此我们认为，在当前高校普遍压缩课时的态势下，美学教学还宜寻求时间上的平衡。

其一，既然压缩课时的目的在于加强教学实践环节，教师就不能"包干"式地全盘通讲（往往也吃力不讨好），而要转变教学观念，引导学生处理好"课堂内"和"课堂外"不同时间段学习美学课程的关系。课上是老师主讲时间，要合理规划、凝练内容、精心设计，切实提高课堂效率，增强课堂信息量，确保学生学习的实效与收获。所讲部分往往是必不可少的重、难点性内容。而每章均可设置少量部分让学生课下"消化"，可以以布置"选题"与"节次"的方式，督促学生下来及时查阅资料、交流思考然后在课堂上反馈、检查，从而成为学生平时作业的组成部分。如讲完难点内容"美的本质"后，就"美的特征"一节布置给学生下来查阅资料思考：为表达"人要在逆境中学会乐观和坚强"的观点，诗歌、戏剧、影视中采用了哪些形象或故事来表达？体会其魅力。举2—3例，分析你专业里的"创造美"，课堂上作简要交流。又如，在讲到社会美中的风俗美、人情美时，布置新近话题让学生思考：近几年中国网络社会为何频繁出现最美系列？举出实例并分析其中的根由与文化内涵。

这样，既锻炼学生查阅资料、阅读中思考、提炼和概括观点、课堂上面对公众交流和讲演的学习能力，也有效地避免了主讲教师从头讲到尾、单向"满堂灌"的弊端。变传统填鸭式教学为以学生为主体、激发其潜能的开放式教学，使师、生双方在"教"与"学"中都得到了某种程度的解放。必要时，主讲教师既可根据学生的准备和发言情况判定平时成绩，也可在学期末结束时汇总全部话题、作业和观点，作为班级阶段性成果予以展示，起到很好的加深印象、敦促学习的作用。

其二，教学时间上"平衡"的另一种方式是将课上无法展开的相关文献资料、网站资源等，发放给学生供课下参考或链接，从而将有限的课堂延续到无尽的课余中去。

传统老观念是某学期开设一门课则学生这学期就紧密围绕这门课展开学习，学期一结束就把课本扔到一边、彻底弃之不顾了，而后面学期不断开设新课往往使学生应接不暇。我们认为，主讲教师应在平时课堂上调整并分析学生的这种落伍于时代的学习方式和观念，宣扬规划性学习和终身性学习的重要性、必要性。鉴于课时的有限，教师在主讲美学课时节奏极快，很多延续性的配套资料——作品分析、美学网站、相关博客、视频公开课等，建议提供给学生让其周末或寒暑假进一步学习，如有疑惑可通过短信、跟帖、微博等方式及时与教师沟通。当然，这种时间平衡的推行，需要学生具有一定的自觉性和主动性。

三、思维平衡

随着研究的深入和时代的变化，美学涌现出诸多分支——如传统的"认识论美学""本体论美学""价值论美学""艺术哲学"等，以及当前的"图像美学""网络美学""生态美学"等，它们均有一个共同点即具有一定的思辨性和抽象性。如上所论，美学作为集中研究感性领域的一门学问，其相关研究书籍在图书馆均置于 B 类（哲学）之中，其理论的抽象性对学习者提出了较高要求。而对于素来擅长感悟和直觉的中国人来说，依托美学等课程进行审美思维训练、提升理论思维的水平尤为必要。

教师如果一味讲解审美理论知识，在思维的王国中"自得其乐"，学生必然听得一头雾水，看休闲娱乐杂志、睡觉梦周公、低头玩手机者比比皆是。这种对课堂的背弃在于教师没有妥善处理好思维转换之间的平衡。我们认为，美学课程提升学生抽象思维能力宜在渐进、缓慢的过程中进行，灵活地在逻辑思维和形象思维之间游走，以"稀释"的方式化解抽象理论带来的板滞与艰涩，使之展现亲切的笑容。毕竟在图像语境下成长起来的 00 后新生代大多从日常生活中获得审美愉悦，如学人所分析：

追求视觉愉悦和快感体验已成为我们日常生活的重要因素。出门上班，公交车和地铁里贴满了色彩斑斓的图像；闲暇逛街，道路边和橱窗里呈现的仍是夺人眼球的图像；在家看电视，接触的还是形形色色的图像。影视、广告、摄影、服装表演、卡拉 OK、平面设计、商品包装、家居装饰等等，正在不断地生产和再生产着潮水般的视觉符号。如今电视、广告、电脑、互联网几乎将所有的文化样式收归于自己名下并将其视觉化：MTV 把音乐视觉化，戏曲 TV 把演唱视觉化，诗 TV、散文 TV 把抒情写意视觉化，而那些根据名著或畅销书改编的电视剧，则是把小说视觉化。一句话，用眼睛去看在今天已变得越来越重要了。美国学者米歇尔称这为"图像转向"，即在当代文化中，因传播方式的革命，人们越来越倚重于通过图像来理解和解释世界，文字性的静观体验正在被影像动态的感性直观所取代，成了当代审美文化的重要特征。

因此，美学教学中不可不考虑如何尽可能地以较形象的方式去讲解和引导。如下两种方式较有成效：

一是在讲解某个理论知识点时，发散式地引用身边事例和鲜活场景，让学生借助司空见惯的文化现象，不知不觉地获得领悟。如讲解美学学科发展史中康德提出"美是一种不涉利害的审美判断"时，配以黄山悬崖岩石上的奇松图，在引领分析植物学家、商人、作家三种类型的人面对奇松采取的态度后，辅以曾卓名篇《悬崖边的树》，使学生开启形象思维，在审美愉悦中对抽象的理论获得深刻理解。又如，在讲解狄德罗的"美是关系"理论时，以青春期学生最熟悉的恋爱过程中的反语"你真笨！""你好讨厌！"为例，引导学生理解。在讲解"美是生活"时，直接展现走过高考的学生都熟知的北大的校门来分析。这种直观性的教学方法较受学生好评，需要任课教师多思、多想、多运用。

二是在涉及近似的审美范畴、术语乃至理论观点时，教师要严格区分，避免混淆和雷同，这便有效地训练了学生的理论思维。如涉及美与美感、美与真善、对称与均衡、虚实与空白、幽默与诙谐、悲剧与悲剧性、审美感受与审美趣味等的关联与区别，这些都是训练学生审美理论思维能力的关节点，教师需认真备课，课堂上洞察入微，做出细致区分。

三是穿插、交替讲解审美理论章节和具体门类的实践章节，实现抽象思辨和形象直观的轮回。美学课程最初关于美本体认识、美学学科史、美学范畴等内容相对抽象，涉及衣、食、住、行和科技、广告、工艺和文艺等的领域审美则相对直观和形象，容易理解和接受，教学中可打破逻辑顺序，将二者交替进行，未尝不是一种新颖的教学尝试。

无论采用何种方式，我们认为主讲教师既不可以弱化学生抽象思维能力的训练为代价，一味讲解具体门类的审美；也不可过多沉溺于审美理论的框架走不出来，而忽略了锻炼学生运用审美理论分析身边文化事象的迁移能力，宜在二者之间寻找到某种"平衡"。

四、方法平衡

对于一般的高校课程来说，需要任课教师根据对象和内容灵活运用多种教学方法，更不要说执教美学这样难度较大的综合性课程了。无疑，美学课程要想上得清新活泼、充实饱满，深得学生欢迎和好评实属不易，这尤其需要任课教师在方式、方法上调度和思考，在多元方法的综合使用中寻求到某种平衡。如下两个方面值得关注。

其一，寻求多媒体教学与传统口授教学之间的平衡。近十年来高校普遍采用多媒体教学已成不争的事实。它具有形象直观、便于展示、方便灵活等特征，深得各校师生的青睐。而传统的采用粉笔和口授的教学方式则具有教师备课充分、能与学生进行肢体表情等交流、促使学生同步笔记等优点。二者各有千秋，学界对其多有全面的分析和冷静的认识，但无论谁都无法否认在高校多媒体几乎独占鳌头的今天，传统口授教学方式依然有其独特的魅力所在，宜将二者有机结合，教学中"两条腿"走路。

基于此，我们在美学教学中也极为注意寻求二者之间的平衡，即不唯一"法"是论，据讲授章节灵活运用、综合调度，使此二法"各司其职"、物尽其长。比如在讲到劳动创造了美时，运用多媒体技术大量展示中外的壁画、器物等，带给学生鲜明的视觉冲击；在讲到形式美中的色彩、形体等要素时，也配以大量图片，增加学生直观感；在探讨自然美时，以简练的视频将学生带入祖国神奇瑰丽的美好山川之中；在涉及人的外在和内在美时，从足球、体操、拳击等体育项目中大量择取经典图片和视频……然而尽管如此，我们并不认为多媒体技术是万能的，为控制课堂节奏、避免陷入华丽花哨之中，在美学课程教学的很多地方坚持采用传统的粉笔板书、口头讲解的方式，把学生从一味读图中带回现实，从多媒体的感官刺激中回归师生互动，享受交流的乐趣。当前高校应当着力培养"00后"新生代学生对"文字"（而非图像）的感知力，互动、交流的渴望，学会在倾听、面谈中学习、吸收。

其二，美学教师应在单向主讲传授和学生自主研习之间寻求平衡。贪多求全的陈旧观念不仅使教师个体主讲变为"独角戏"，也束缚了教师积极进行教改的手脚，累自己累学生，得不偿失。我们认为，教师应精选主讲内容而不必章章皆涉，适当展开讨论式教学十分必要。其步骤有三：先是课堂上抛出话题，让学生下来思考准备；接着由学生小组查阅资料、思考讨论，汇总观点；教师利用一次课主持全班集体讨论，各组发言，引导争鸣。

美学主讲教师必须在备课中逐渐形成自己的"话题库"（也可激发学生提供），关注热点和前沿，不断更新和完善，以便于灵活安排"讨论课"穿插于课程中间。显然，适当采用互动、探讨式的教学方式，打破了由教师垄断讲坛、主宰课堂的局面，既调动了学生的积极性，也培养了学生的创新思维，锻炼了其语言表达力，是传统单向主讲法的有力补充，值得尝试和推广。

此外，教师还应在知识的拥有、倾倒与吸收、更新之间，在对学生既有了解、形成固有印象和摸索新生代个性特点、学习面貌之间，寻求到某种"平衡"，限于篇幅，不再赘述。总之，美学课程的主讲教师要督促自己树立"终身学习"观，在平时不断地学习和进步，既"知己"也"知彼"，打造自己成为深受学生好评的优秀教师。实用美学更应突出它的"实用"性，宜分专题来细讲。在物质文化快速发展的今天，人们的精神需求和心灵活动也日趋丰富和多元，实用美学的研究范围和对象也在不断扩大与变化，这尤其需要任课教师在课程中有所涉猎或纳入；其次，在读图、娱乐和喧哗充斥人们视听的今天，在快节奏弥漫到大学校园、一些学生求学也带着很强的功利性的今天，在社会"三躁"（急躁、浮躁和烦躁）也开始渗透到校园的今天，曾经的一些审美理论知识也要与时俱进，这需要主讲教师能把审美讲得有说服力、有实用性，这在当前是不容易做到的。因此，我们认为，高校实用美学课程的教学改革"永远在路上"，任重而道远。

第六章　新时期文化类课程的教学实施

第一节　中国文化概论课程教学概述

中国文化概论又名"中国传统文化",是当前无论文科类还是理工科类高校都普遍开设的一门基础课。最初为文史哲、民俗学、社会学、新闻传播学、行政管理等主要文科专业的必修课,后经教育部(原国家教委)颁布新的专业目录及先后多次以发文形式推动高校和社会重视中国传统文化的传承与弘扬,此课开始在理、工、农、军、医等多种门类高校普遍开设,或者为专业限选课,或者为全校公选课。

近年来,随着民族文化和世界文化相互博弈、多元文化齐头并进、国学热持续发酵、民族复兴的伟业迫在眉睫,在高校对青年学子进行传统文化的教育和熏陶,更是义不容辞、刻不容缓。作为当前高校受众面最广的少数几门课程之一,中国文化概论对奠定大学生坚实的文化基础和深厚的人文底蕴,促使年轻一代升华人格、提高境界、振奋精神,无疑产生了积极而深远的影响。

一、教学内容的精选与剪裁:"取""舍"之间

执教中国文化概论,既可以讲得很轻松,关于文化的内容很多就在身边,贴近现实,远比高校中的思想政治课要有趣得多;也可以讲得很费劲,章节众多,内容丰富,对教师的知识结构和文化素养等提出了很高的要求,一学期马不停蹄也无法赶完,教师仓促收尾,学生毫不尽兴。然而,他们都觉得讲好中国文化概论,绝非易事。课程的性质和特点决定了教师在备课、教学、反馈各个环节必须多花工夫,不断钻研、调整和改进,才会使学生有一些实质性收获。

数十年来,国内关于中国文化概论的各式教材琳琅满目、举不胜举,诸如《传统文化导论》《中国文化史》等名称的著作如雨后春笋般接连冒出。教师根

据自己教学情况慎重选择2—3本作为参考，是十分必要的。了解各种教材的特点、关注学科的进展，在课堂上适当向学生介绍前沿性的信息与态势，也是十分必要的。然而教材的采用宜兼容并蓄、为我所用，采用拿来主义而不可依葫芦画瓢方为上策。毕竟有些内容适宜于学者作书斋研究，但不宜于课堂上向本科传授。即教材中并非所有章节都能够和值得拿来讲解。如中国传统文化向近代的转变、建设社会主义的中国新文化等后期内容，与学生的近现代史课程衔接较紧密，完全可自修。学人曾指出教学中普遍存在的弊端是教师随意性较强，贪多求全：

现在传统文化课几乎都是"因教师而授课"，教师想怎么讲就怎么讲，哪方面懂得多就多讲一些，不懂的就少讲甚至不讲。很多传统文化课都是一个教师从先秦到清代，从天文地理到易、道、佛，从服饰文化到琴棋书画，从头讲到尾。

显然这是没有把握好主次轻重，教学中缺乏必要的设计使然。在现阶段讲好中国文化概论，首先必须采取一定的"取舍"策略，根据教学目的和对象层次对教材内容进行必要的剪裁和适当的处理。这是由一系列主客观原因决定的。

一是教育主管部门要求高校课程压缩主讲节次、增加学生实践教学环节后，当前高校无论是核心专业课还是基础课，都压缩了课时，64课时变为48课时，48课时变为40课时甚至32课时，总之，上课时间急剧减少，迫使任课教师不得不作出及时调整和改变。

二是客观来讲，即便《中国文化概论》改为20世纪80至90年代的64课时，甚至增加变为80课时，也不见得都能讲完，中国文化博大精深，上下五千年，纵横千万里，岂是百来小时足以容纳哉？因此，根本问题不在于课时的"紧"与"松"，而取决于主讲教师对课程的认识以及教学理念：是采用传统的方式拉通串讲，还是抽取重点、选择专题以点带面？是为传授文化知识让学生理解记忆，还是以内容为载体提升学生的文化素养、训练其剖析文化现象的运用能力？是侧重于苦口婆心地灌输、不厌其烦地填鸭，让学生积累、知道和明白，还是以内容为契机激发学生的文化热情、认清自身和民族甚至迁移于专业学习之中？

因此，在丰富庞杂的教学内容与紧凑有限的课时之间产生矛盾冲突时，任课教师宜转变教学观念，积极尝试改革，根据教学对象和目的合理取舍教学内容。如高校普遍采用张岱年和方克立、金元浦和谭好哲主编的两套教材，其内容大同小异，主要由三个部分组成：第一块是"文化寻根"，即文化发生的"土壤"，含课程导论（文化内涵、特点、分类等）、中国文化的地理环境、生产方式、经济基础、政治体制。这是课程的基础部分。第二块是中国文化的表现形式，含剖析中国文化的类型、特点、基本精神、价值系统等，这是一种高屋建瓴的宏观概括和整体总结，是课程的核心组成部分。第三块为传统文化的分类专题，涉及古代文字、文学、艺术、史学、哲学、伦理道德等具体领域。几乎每一领域又可单独成为当今一个学科。对于如此庞杂的内容不必面面俱到、逐一讲来，我的处理是抓住重难点以点带面，重在梳理出课程的体系脉络，搭建其框架结构。

其一，根据授课对象的不同，在教学内容的取舍和侧重点上以示区别。针对文史哲开设的专业课和全校各专业学生开设的公选课，宜区别对待。绍兴文理学院的叶岗先生曾撰文多篇论及其课程设想和具体操作，读者可参考。

对于专业课，学生必须深入中国文化的骨髓和肌理，对这棵参天古树的根须、主干有了基本认识和全面了解后，才能顺藤摸瓜地去把握大树上的分叉枝条。因此，第一块和第二块是课程的重点。导论略讲，中国文化的地理、经济和政治三个方面又构成小系统，是文化产生的深厚土壤，宜详讲。第二部是课程的主要理论知识，许多方面相对较抽象，宜提炼后结合现实抓重点详讲。在课时较紧的情况下，第三块则可据学生专业类属并结合教师自身擅长选讲其中2—3个专题，例如，在带汉语言文学、广播电视新闻专业学生时，选讲传统文学、文字、艺术三个章节，鉴于艺术和文学的相通性，作合并处理。其余如教育、科技等专题，布置给学生自修，以提交作业的形式予以检查、点评。

对于公选课，为照顾到不同专业、不同年级理工科学生的兴趣和口味，并尽可能地扩大其学科视野完善其知识结构，则将讲解重心置于第三块中。对于基础性的前两个板块，在最初3次课（6节）以讲座报告的形式选取精华部分做一梳理，使学生对中国文化的来源、类型、表现等有一个整体性的认识。然后重点讲解第三块十个专题，基本一题一次（哲学和宗教较抽象，用课6节），以在最短的时间内带领学生整体地、概括式地了解中国文化的各分支与延伸，做一次文化的"巡视",高瞻远瞩地认识不同领域中国古人的杰出创造。对于古代文化的近代转变、社会主义新文化两章则省去,由学生自修。

无论是将中国传统文化开成专业课还是公选课,精选主讲内容的一个基本原则是:专业课要讲得深入浅出,难点处要精湛、透辟,很多地方在备课、发挥时要适当拓展和引申;公选课虽不求多么深入,但不能以忽略课程的学理性而蜻蜓点水,要讲得形象直观、生动活泼,尽可能通俗易懂。无论针对哪类学生,剪裁内容和区分主次必须以能促使学生形成此门课程框架架构和知识体系为前提。

二、教学方式与方法上的改进

(一)关注现实,活学活用,增强应用性

中国传统文化是古人在独特的时空领域集体创造的,熔铸了无数祖先的聪明才智与心血汗水,能传承至今足见其旺盛的生命力。不仅古代文化中器物的工具部分(见"中国文化的发展历程")和实体的建筑部分至今可以触摸,而且古代关于社会治理、民风习俗形成的各种制度、观念、心理等抽象的部分也深刻地影响着华夏子孙的思维方式、价值观念和生活方式,散发出永久的魅力。一句话,中国传统文化不是过时地、进入博物馆的陈旧文化,而是不断创新、融合并对当今中国社会产生深远影响的文化。而本课程大纲的基本要求提出:(本专业课)引导学生较为全面地了解中国文化的知识和理论,较为深入地掌握各种主要文化现象的特点;在学生初步具备文史哲基本知识的前提下,继续提高对文化现象的综合分析能力,更加准确地认识我们民族自身和当前的国情,并使这种能力和认识渗透于各门课程的进一步学习之中。

(二)抛出开放性话题,供课下思考、讨论,课上汇报、交流

满堂灌的传统授课方式往往使教师自得其乐,极易忽视学生主体性的发挥,易使课堂沉闷冷清,压制学生的思考力和创造性。在实际教学中,教师可在相应章节精心设置开放性话题,抛给学生下来查阅资料,相互探讨、思考,认真准备后由小组组长在专门的讨论课上登台发言,其余补充,教师作为组织者和主持人就学生思考问题的方向、深浅度、观点见解乃至方式方法等予以现场评析。这将打破课堂填鸭的局面，激发学生学习的热情。

（三）适当组织或引导学生就传统文化展开2—3次主题演讲和辩论

传统文化的讲授和学习决不能只限于课堂，应延伸到学生朝夕相伴的大学校园。有学者指出，当前应以"校园"作为平台对大学生展开传统文化教育，并作出了切实的实践。我们并不否认诸如社团、宿舍、学生会等对学生的锻炼意义，从多年经历和体验来看，大学期间开展数次主题讲演、组织几次辩论赛是非常有必要的，从准备过程和活动实施中体验思想的张力和表达的魅力，并初步感知研究活动的特点与步骤。这远比其余大学活动来的更有收获，更刻骨铭心。因此，可在教学中国文化概论课程期间，协助学生、创造条件开展至少1次主题演讲和1次院系辩论赛。其表现可作为评定最终成绩的依据之一。

主讲教师的作用则近似于"顾问"，提供相应资料，引导学生思考，总结方法和细节。这种寓文化教育于具体活动的方式，对激发学生热爱传统文化将有极大的帮助。

（四）充分利用现代多种网络平台，就课程相关问题展开师生互动

传统的课堂教学结束后，师生几乎互不相涉，缺少交流，教师只是在批改成绩时粗略浏览到学生上交的单一性作业。而这对于思维活跃、擅长多元通讯工具、对网络图像极为敏感的00后大学生来说，是远远不够的。如想提高《中国文化概论》的教学效果，或真正转变观念认识到此课程学习绝不只是三四十节课时而宜跨越整个学期的话，教师必须利用网络等现代通讯工具，开拓多种途径，师生就困惑、选题、质疑、推荐等展开对话，从而实现师、生课堂之外的互动。比如教师设立公邮、班级群或微信，聘任班级助手不定期随传相关章节资料，引导学生发现并相互推荐资料，进行共享；又如教师开通个人博客，展示辅助性配套材料，及时更新，并回答学生跟帖或通过微信提出的各种文化问题。或者直接设置"在线答疑"，学生发问后，教师定期集中回复。在这方面，不妨多借鉴、吸收慕课教学中较先进的做法。

三、考核方式的探索

（一）平时成绩的判定

据如下几个方面的综合表现来衡定：一是课堂发言和小组讨论中的参与度和准备情况。这在课堂穿插中进行的提问、就所布置的选题进行的思索和发言情况可查出。二是考察采风后撰写的思想随笔（从平时提供的话题中抽选来写亦可）、在网上推荐资料、提问发言的活跃度。三是教材未讲部分的读书情况，收齐后翻阅、评估。

（二）考试开、闭卷任选

最后由学生选定考试方式，如为开卷，则学生自备材料，进入考场独立答题，个把小时内完成一篇文化方面的"作文"。如想闭卷，则考前两天公布试题，学生立即准备，考试时空手进来，严禁携带任何参考资料，可凭此前查阅情况和课堂记忆理解任意发挥。此两法各有千秋，从数届实践来看，学生普遍愿意选择后一种方式。

教学是一门有着缺憾的艺术，中国传统文化课程教学中需要关注、值得思考的地方远不止如上这些，凡他人谈论过的认识、措施、建议等，这里概不重复。零散所论，纯属个人教学实践中不成熟的心得，抛砖引玉旨在引发大家共同探讨，切实推动高校中国文化概论课程的教学改革，使之常教常新，产生实效，点燃一代又一代青年学子的文化修身梦、文化强国梦。

第二节 中国文化概论课程教学中的地域与校园文化视角

中国文化概论是当前文科类及综合类高校的基础专业课，也是理工科大学常年开设的公选课之一，在宣扬人文精神、提升青年学生文化素养方面，发挥着重要作用。随着民族的复兴、民族文化的特色保存与对外输出，以及各地纷纷宣扬地方文化、寻求发展之路，这门课在高校培养方案和课程设置中更加受到重视和关注。一些有条件和想法的高校甚至在历史学院开设"戏曲文化""山水文化"等课程，与之呼应以形成学院独特的"文化系列"的课程体系。近20年来，很多教师积极探索，结合教学实践撰写了不少教改成果，指出当前此课程在教材建设、教学方法、课程体系等方面存在的各种问题。对于其中主要观点、做法，可选择性地赞同并借鉴。对于有学者曾提出但并未详细展开的从"地域文化"和"校园文化"角度来切入教学，这里稍作发挥。

一、从地域和校园文化角度切入教学的必要性

教学是一门需要教师全身心投入、不断尝试探索和改进的艺术，尤其是采用某种教学模式执教了数届后更是需要推陈出新。从地域和校园文化角度切入不失为一种可取的选择。

其一，传统文化是中国历代先人智慧的创造，它虽博大精深、传承至今，但因时空之隔，对当前00后大学生来说终归有些隔阂和淡漠。自五四新文化运动后，中国社会从传统走向近代并踏入当代，失去了传统农耕文化为主导、宗法制伦理型延续、文言书写承载士大夫趣味的传统语境，新生代大学生是在市场经济和商业环境下成长起来的，随着人才流动和竞争加剧，大学学习具有相当的功利性，在网络交流和图像审美的影响下，大学生普遍青睐短、平、快的"快餐文化"和"微阅读""电子阅读"，在这种背景下，大学生对传统文化感到淡漠、觉得生疏也就不足为奇了。

而传统文化散发活力并分散在中国大地各处，需要学子海滩拾贝般地走近它、认识它。从广义上来说，传统文化是由各地独具特色的地方文化组成，早在春秋战国时期，形成与特征可通过地方文化得以体现。而当前中国大学分散在全国三十余个省市区和自治州，每个市区几乎都可以充分挖掘其独特的地域文化，就地取材地对大学生进行人文教育，可有效避免语境变迁带给学生的隔阂。

其二，大学生一般为18—24岁左右的青年，虽经过高考步入相比中学更开放的大学校园，但主要时间和精力仍然在专业课程学习上，只有寒暑假和实习期

间有机会多一些接触并了解社会。长期身处学校使他们对校园文化最为亲切和熟悉，因此，课堂教学中适当结合校园各项文化活动开展传统文化教学，以之作为载体实施人文主义教育，将能起到事半功倍的效果。

其三，中国传统文化不是封建的、过时的古代文化，学习此门课程不是单纯带领学生进中国博物馆去看看古人留下了哪些"古董"或"宝贝"，而是关注文化知识、文化情怀，在知识的系统学习中活学活用，此门课程的大纲即有明确规定：（本专业课）引导学生较为全面地了解中国文化的知识和理论，较为深入地掌握各种主要文化现象的特点；在学生初步具备文史哲基本知识的前提下，继续提高对文化现象的综合分析能力，更加准确地认识我们民族自身和当前的国情，并使这种能力和认识渗透于各门课程的进一步学习之中。

尽管中国文化概论主要侧重理论的灌输，但我们还是要重视理论联系实践，结合当代文化现象，进行分析和解剖，以提高学生学以致用的能力。因此，从地域和校园文化角度切入中国古代文化的教学，是培养学生分析和解决问题的能力、提高其活学活用能力的有效途径之一。

二、具体操作方式

这种切入性讲解的方式如何操作才有效呢？怎样才能取得预期的效果呢？可尝试从如下三个方面进行。

其一，在讲解中竭力选取地域和校园文化方面的经典案例引导思考、切入分析，或者举证时力所能及地多选些地域和校园文化方面的例子，尽可能建立起关联。

其二，带领学生实地进行"文化采风"，在参与中调研，在身临其境中去体验和提高。中国传统文化绝不只是停留在博物馆中，而是渗透、蔓延在祖国大地的各个角落，我们要像当年余秋雨思索、撰写《文化苦旅》那样，积极开辟第二课堂，布置、引导学生去现实生活中实地地进行"文化采风"，去进行一些必要的考察和调研活动，获得对于传承文化最直接、最鲜明的感官冲击。

其三，组织学生开展专题性的"文化调研"，制作PPT或写成思想随笔，汇报上交。在一学期48或36课时的讲授过程中，可穿插安排2—3次"文化采风"

活动，带领学生深入当地博物馆、相关文化景点，从而开辟第二课堂，利用独特地域文化对学生进行印象最深刻的人文教育。

其四，依托校园文化活动传播和宣扬传统文化。有学者指出，传统文化教学改革不能仅仅成为一个孤立的教学行为，而应该渗透到学生在学校的每一个日常生活当中。做到"渗透每一个"虽较难，但抓住契机，立足于主要的校园活动，营造校园热爱传统的文化氛围还是可行的。教师应努力将传统文化资源融入学生喜欢参与的团队活动、课外活动、社会实践活动中去。学校可以利用开学典礼、升旗仪式、纪念日、各种宣传日适时对学生进行民族精神和传统文化教育；也可以通过开展诚信教育、礼仪规范教育、公共关系教育、遵纪守法教育，培养大学生团结和谐、真诚相待、关爱他人的品格。把"弘扬和培育民族精神"教育活动和加强校园文化建设结合起来，在学校体育节、艺术节中营造浓厚的"精神文明建设"氛围，展示活动的成果。

这类载体主要有三类，一是学校大面积的入校和毕业时的典礼、仪式等；二是平时学生会组织的个性常规活动；三是班主任和辅导员走访宿舍、组织郊游等日常管理工作。这一方面需要学校领导重视校园文化的建设，另一方面需要校内部门之间的互动与合作。比如发动校团委、学生处、教务处等主要部门联手协作，每年开展和传统文化密切相关的"古诗词朗诵""走进古代教育家""传统乐曲欣赏"文艺活动；又如针对每年数千新生到校后，在"入学教育"仪式上利用孟子、朱熹、张载等古代思想家论士大夫应有的品性来熏陶学生；在端午节举行类似"屈原与中国文化""今天我们该如何纪念屈原"等专题征文活动或读书会……

三、相关注意事项

依托地域文化或校园文化开展中国传统文化课程的教学，在当前不失为一种尝试，是利用"空间"上的便利来引导学生学习传统文化，减少畏惧感，增加亲近感。在操作中还有很多需要注意的地方。

首先，地域和校园文化只是切入点，并不能完全代替教学中的主干内容。在讲授中国文化时理应立足于教材，从文化寻根、横向剖析、分类专题等方面为学生建构相对完整的课程知识体系，这是课程的主干内容，是由课程的大纲决定的。而讲解过程中适当结合地域文化和校园文化来发挥或宣扬，只是作为切入点，是教学改革的一大视角，而非教学内容的主体，在这点上决不能主次不分，尤其是教师对某个地域极熟悉而滔滔不绝，忽略了课程的主要内容，则不可取。

其次，适当预留空间，让外地学生走近其家乡文化。这里的"地域"，绝不只限于高校所在地，对于来自五湖四海的大学生来说，他们对熟悉的家乡最为了解，在回答问题、采风考察、撰写随笔中，都是可以摄取的。同时，这要求教师平时做"有心人"，具有开阔的视野和广博的知识结构，对多个地域有些体会和了解，对当地的历史遗迹、著名人物、风俗习惯和非物质文化遗产等极为熟悉。

再次，教师宜多关注校园周边和00后特点，融入其中避免"隔代"。大学教师要想受到学生欢迎和好评，一个重要途径是走近学生，了解其所思、所想，他们平时关心什么？有哪些需求与爱好？00后在个性风采、网络通信、情感宣泄、消费实践等方面有哪些新的变化？这样才能在主讲中迅速抓住学生的兴奋点，才能娴熟地挑选地域文化和校园文化作为切入点，才能发挥才智指导学生参与和传统文化相关的各种校园文化活动。

虽然我们在连续几年的中国文化概论教学中运用此方式，积累了一些不尽成熟的经验，但此方式并不见得对所有教师都适用，这只是一种改进现有教学的切入视角，需要继续探索和完善。

21世纪全球多元文化纷纷兴起，并在不断对话和碰撞中受到各民族、各国家的高度重视。在经济发展到一定程度后，文化的发展与创新成为时代的重要话题。纵观国内数十年走过的历程，无论是本土地域文化——诸如巴蜀、吴越、岭南、燕赵、荆楚、中原文化——数十年来的兴盛，还是在全球化浪潮中推动中华优秀文化传承与弘扬，并试图"走出去"与国际接轨，彰显出中国文化的优势与特色，高校中国文化概论课程所承载的多种功能在新时期更加显赫与重要。这尤其需要任课教师在中华民族实现"文化强国"和中国梦的征途中，能采用新的教学手段和方法去调动学生对传统文化的热爱。当前高校大学生普遍生长在通俗文化和娱乐文化泛滥成灾的环境中，他们对千秋万代无数祖先创造的民族文化精髓，还缺乏必要的了解与熟悉；他们还没有对传承与弘扬祖国优秀文化以服务于当前社会主义文化建设的重要性和迫切性有充分而深刻的认识，这尤其需要任课教师高瞻远瞩，不断改进教学方法，既立足于传统的专题或领域，也不可忽视大的时代背景，来把这门极有文化内涵的"古"字课讲鲜活，讲得具有文化气息。

第七章 新媒体时代下汉语言文学教学的实施

第一节 新媒体时代的特征

新媒体可以概括为：相对性、技术性、媒介性、服务性。相对性指的就是新媒体是相对于传统媒体的一种形式，是继广播、电视、报刊等传统媒体之后发展起来的新的媒体形式。技术性指的是新媒体在实现其功能的过程中利用了数字、网络、移动等技术得以实现。媒介性指的是新媒体借助各种媒介，例如互联网、无线通信网、卫星等媒介实现传播，借助电脑、手机、数字电视机等客户端实现信息接收、上传。服务性指的是新媒体作为一种媒体形态，向用户提供信息分享和互动娱乐的服务。在整个过程中，新媒体表现出自主开放、平等交互、即时快捷、信息海量共享且丰富多样等特点。

一、新媒体较之传统媒体

新媒体自产生之初就表现出异于传统媒体独有的特点，新媒体时代的来临也赋予了信息传播明显的时代特征，突出表现为信息内容更加丰富、信息形式更加多样、信息价值更加多重、信息来源更加隐蔽、信息检索更加便捷、信息真伪更加难辨。同时，随着科学技术的迅猛发展，加之各种各样的新媒体形式的层出不穷，新媒体特有的便捷性、互动性更加深刻地影响着人们的生活，这种影响与高校结合后，使得高校教育活动，特别是对高校大学生的思想观念、道德评价、价值判断的形成和发展都有着极为重要的意义和影响。因此，现阶段了解新媒体的特点，把握和利用新媒体优势，对促进大学生思想政治教育活动的顺利开展具有重要意义。

对于新媒体与传统媒体而言，虽然二者在内涵和外延方面不尽相同，但新媒体对传统媒体传播形式和内容的改造与发展是不容置疑的。因此，基于传统媒体基础上的改造和发展都可以作为新媒体的特点。美国著名理论家保罗·莱文森认为，具有新旧相继性的媒体之间，其中居后的媒介都是对先前媒体的边缘性或本质性的补充，这种边缘性或本质性的补充的区分要看是不是产生历史性的价值。后来，这种论断也被称为"补偿性媒介理论"。从这种理论出发我们可以看到，在媒体发展历史过程中，报纸的出现是对人们口口相传的小道消息的平面化和文字化，广播的出现则弥补了报纸缺乏实时性和现场感的缺陷，电视的出现和发展以图像的形式将信息更具价值观地呈现给受众，给受众极大的视觉冲击。根据保罗·莱文森的理论，当今时代以互联网和智能移动终端为主要载体的新媒体，的确完成了对传统媒体的"补偿"，而且这种"补偿"具有历史性和划时代的意义。这种补偿还体现在其传播方式和传播内容上，呈现出以下几大特点。

（一）迎合人们休闲娱乐、学习时间"碎片化"的需求

随着社会发展的高速化，加之人们生活节奏的快速化，人们很难抽出时间来集中娱乐、学习与消遣。新媒体的出现正好迎合了这种"碎片化"时间消费的趋势，这种迎合体现在三个方面：首先，新媒体打破了地域的限制，使得信息的传播超越了地理条件的制约，无论是城市还是乡村，信息伴随着各种媒介出现在大众面前，使得在信息面前"人人平等"的局面出现。其次，新媒体打破了时间的限制，人们可以随时随地获取信息。伴随着无线网络的普及，这种趋势会更加明显，新媒体的"碎片化"特征或许更为明显。再次，借助于客户终端的多样化，受众可以借助形式多样的新媒体实现"碎片化"的时间消费，例如现今比较流行的微博、推特、脸书，这些形式都迎合了受众的"碎片化"状态。

（二）满足随时随地互动性表达、娱乐与信息需要

传统的报纸、广播、电视等的传播方式是"中心化"，是一对多的圆锥形传播。但是新媒体则完全"去中心化"，实现点对点、面对面的传播。这样就有利于受众针对不同的信息进行自我化、个性化的"评头论足"。同时受众还可以借

助各种客户端实现远程视频、远程图片的交流，使得交流的形式更具多元化、多样化。这些优势是传统媒体所不具备的，也是传统媒体所"望尘莫及"的。这种智能化、网络化的信息交流与传播进一步扩大了社会的透明度和民主度，有利于现代社会文明的建设。

（三）人们使用新媒体的目的性与选择的主动性更强

在传统媒体条件下，个人试图向公众发言是处处受阻的。这种阻力被称为进入的高门槛，人们如果要在传统媒体上发表意见，往往需要付出比较高的代价，这种代价有经济方面的，有社会地位方面的，还有个人水平方面的，没有一定的代价是无法进入传统媒体的视野的。

新媒体技术的发展彻底改变了受众被动接受、传播信息的局面。随着以互联网为主的新媒体等手段的发展，受众可以借助各种形式的"话筒"发表自己的个性化语言。现在比较流行的形式有论坛、微博、微信、邮箱等。这些新颖的信息传播工具的出现，一方面给受众带来了极大的便利性，受众可以持各种观点进行交流、探讨；另一方面也伸张了民主，有利于民主权利的普及和社会主义文化建设。新媒体确实降低了信息接收和传播的门槛，这对传统媒体产生了一定冲击，传统媒体也是想方设法去迎合这种"低门槛"的趋势，拿出自己的看家本领。

（四）新媒体的使用使市场细分更加充分，内容选择更具个性化

新媒体已经对传统媒体的所有方面进行了全面的融合，应用日益广泛。即时通信早已由文字聊天发展到了语音聊天、可视化聊天；博客也已经发展到利用语音甚至图像传播信息；手机媒体更是有一种融合所有传统媒体的势头。新媒体多种多样的载体媒介形式能够很好地供使用者更替使用，同时也使网络资料得到不断更新和扩充。新媒体融图形、文字、声音、动画等为一体，提供点对点的信息传播服务，使每个人都可以用一个私有的可信赖的传播载体，而信息传播者针对不同的受众提供个性化的服务，在传播形式上，它具有很强的直观性、形象性和娱乐性。

二、新媒体传播的特点

（一）传播行为更加个性化

1. 用户主导内容生成，彰显个体特色

新媒体环境下，传播行为的个性化首先体现在用户从被动接收信息转变为主动创造内容，即 UGC（User Generated Content）模式盛行。用户可以根据个人兴趣、专长和观点在社交媒体、博客、视频平台等渠道发布内容，这种自下而上的传播方式，赋予了每个人表达自我、展现个性的舞台，使得信息传播更加多元化、个性化。

2. 算法推荐系统，定制化信息流

随着算法技术的不断进步，新媒体平台广泛采用个性化推荐算法，通过分析用户的浏览历史、搜索记录、停留时间等行为数据，精确描绘用户画像，进而推送符合其偏好的内容。这种定制化的信息流机制，让每个用户看到的内容都是为其量身定制，极大地提升了信息接收的个性化体验，同时也促进了用户黏性的增强。

3. 互动交流的即时性与深度

新媒体平台的即时通讯功能，如评论、点赞、转发、私信等，为用户提供了即时反馈与深度互动的空间。这种即时性不仅缩短了信息传播的反馈周期，还促进了基于兴趣或观点的社群形成，用户可以在这些社群中深度交流，分享个人见解，形成更加个性化的社交圈层。互动的加深，进一步强化了个性化传播的特征，使传播过程成为个性展现与认同构建的过程。

（二）传播速度实时化

相比较传统的媒体，新媒体在现代技术的辅助下可以实现信息传播的实时化。与传统媒体的复杂的剪辑和烦琐的后期制作和排版相比，技术的简单化和便捷性使得信息可以在全世界范围内实时传播。借助科技的力量，在网络生活中，即使慢腾腾的人写好一个微博估计也只需要三分钟的时间，而转发的时间也就是点击一下鼠标的时间。转发、评论等各种信息的传播速度已经完全不同于乡村大喇叭的扩散速度，它瞬间就会扩散到互联网各个角落。

（三）传播方式多元化

1. 跨平台整合与多媒体融合

新媒体时代，信息不再局限于单一媒介或平台，而是跨越了电视、广播、网络、移动终端等多个渠道，实现跨平台整合传播。这种整合不仅拓宽了信息覆盖范围，还促进了文字、图片、音频、视频等多种媒介形式的深度融合，每一种信息都能以最适合其特性的形式呈现，满足不同受众的偏好，提升了信息传播的丰富性和吸引力。

2. 社交媒体驱动的病毒式传播

社交媒体平台凭借其庞大的用户基础和高度的互动性，成为新媒体传播的重要驱动力。信息经由用户的分享、转发，在短时间内实现指数级扩散，如同病毒般迅速蔓延至整个网络，这就是所谓的"病毒式传播"。这一传播方式依赖于内容的创意性、情感共鸣力及社会热点的贴合度，能够迅速吸引公众注意力，形成广泛的影响力和社会讨论。

3. 实时直播与互动体验的兴起

随着技术的发展，实时直播成为新媒体传播的一个亮点。无论是专业媒体机构还是普通用户，都可以通过直播平台实时分享现场情况，观众不仅能同步观看，还能通过弹幕、留言等方式即时互动，极大地增强了传播的即时感和参与感。这种传播方式突破了时空限制，为用户提供沉浸式的传播体验，尤其在新闻报道、体育赛事、娱乐活动等领域展现了其独特价值。

（四）接收方式移动化

1. 智能移动设备的普及与便捷性

随着智能手机和平板电脑等智能移动设备的普及，信息接收方式日益移动化。这些设备的小巧便携、随身携带特性，使得用户几乎在任何时间、任何地点都能轻松访问互联网、获取最新资讯、参与社交互动。移动设备的普及彻底打破了传统媒体接收信息的时间和空间限制，为新媒体传播提供了无限可能。

2. 移动应用程序（App）的个性化服务

移动应用程序（App）的快速发展为用户提供了更加个性化和定制化的信息接收体验。各类新闻客户端、社交媒体、视频平台、在线学习、生活服务等 App，根据用户偏好推送定制内容，优化界面设计，满足不同场景下的使用需求。App 的便捷操作与丰富功能，增强了用户黏性，使得移动设备成为新媒体信息接收的主要渠道。

3. 位置服务（LBS）技术的融入

移动化接收方式还充分利用了位置服务（Location-Based Service，LBS）技术，实现信息的地理位置定向推送。通过 GPS、Wi-Fi、蓝牙等技术，新媒体平台能识别用户位置，推送周边服务信息、本地新闻、优惠活动等，使信息传播更加精准、实用。LBS 技术的应用，不仅增强了用户体验，也为商业营销、公共服务等领域开辟了新的传播途径。

（五）传播内容交融化

1. 多元信息整合，深度交织

新媒体传播的一大特色是其内容的深度整合性，表现为不同来源、类型的信息在同一个平台或载体中交织融合。新闻报道融合数据分析、图表、专家访谈、实时评论，形成多维度的信息矩阵，使受众能够全方位、深入地理解事件。这种整合不仅跨越了传统媒介的界限，也促进了信息的深度整合，为受众提供了更全面、立体的信息解读环境。

2. 交互式内容，参与感提升

新媒体平台上的内容交互性显著增强，用户不再被动接受信息，而是成为内容创作、传播过程中的积极参与者。问答、投票、互动视频、在线调查等形式让用户能够直接参与到内容的生成与发展中，甚至影响内容走向。这种交互式内容提升了用户的参与感和体验，使传播过程更加动态、灵活，也促使内容更加贴近用户需求和兴趣。

3. 跨平台内容协同，传播生态共建

在新媒体环境中，内容不再孤立存在，而是跨平台协同传播，形成一种生态系统。一篇报道可能首发于新闻网站，随后通过社交媒体分享、短视频摘要、播客讨论等形式在不同平台扩散，各平台内容之间相互补充、呼应，形成合力。这种跨平台的协同传播，促进了内容生态的共建，增强了信息的传播力和覆盖面，也促使内容创作者和平台间形成更紧密的合作关系。

三、新媒体时代的特点

新媒体时代是相对于传统媒体时代而言的，是继报刊、广播、电视等传统媒体之后发展起来的新的媒体形态，是利用数字技术、网络技术、移动技术等新的技术支撑体系，通过互联网、无线通信网、卫星等渠道以及电脑、手机、数字电视机等终端，向用户提供信息和娱乐服务的传播形态和媒体形态。严格来说，新媒体应该称为数字化媒体。新媒体时代使得我们置身其中，很多信息能够在第一时间被获取和传播。

（一）"能发声"的时代

随着新媒体技术的飞速发展，尤其是网络技术的日新月异，我们迎来了一个前所未有的"能发声"的时代，一个被喻为"大众麦克风"的时代。在这个时代，互联网如同一张无垠的织网，将全球紧密相连，每一个节点都拥有平等的权力和机会，让个体的声音被听见，让每一个角落的思绪得以闪耀。

网络平台的多元化，如社交网络、博客、微博、视频分享、直播、论坛、在线社区等，为普罗大众提供了广阔舞台，每个人都能成为信息的发起者和传播者。不再受限于传统的媒介门槛，无论身份、地域或职业，只需一根网线，便能跨越万水千山，将个人的故事、观点、创意、诉求、情感乃至批评直接送达世界每个角落，引发共鸣或辩论，形成强大的社会舆论场。在这股浪潮之下，互联网成为不同利益群体的竞技场，各色声音汇聚，形成了复杂而生动的交响乐章。无论是草根阶层的权益呼吁、公益倡议，还是专业见解的深度剖析，甚至是边缘群体的发声，都能找到自己的听众，形成网络社区，共同推动社会议题的讨论与进步。然而,"能发声"的时代也伴随挑战,信息爆炸与噪音并存,真伪并行。如何在海量信息中筛选、甄别,保护真相,如何在众声中保持理性对话而非情绪泛滥,成为时代的新课题。与此同时,网络治理、隐私权衡、数字鸿沟等问题也凸显,要求我们在享受"发声"权利的同时,共同维护网络环境的健康与公正。

(二) 平等的时代

社会的公平正义是围绕社会秩序、社会价值为核心的方法论概念。新媒体的公平正义应该体现在:如何保障新媒体成员实现其价值平衡。只有保证网络社会中的信息基本对等,才能保证社会存在的意义。在这个意义的前提下,作为社会成员的现实工具——人,才会继续参与新媒体背景下平衡的可持续发展。可以认为新媒体环境下的公平正义是纯粹按照规则与契约的形式进行的。同时,可以发现,在新媒体环境下,各成员有着如罗尔斯所论述的"无知之幕"一般的原始状态,及通过社会规则而达成的"契约形式"。也就是说,新媒体时代有天然的公平正义讨论的基础。当然,随着社会或科技的发展,在许多领域都可能会遇到同样的"非平常社会"的特殊公平与正义问题。

新媒体时代传统的社会群体结构和人际互动方式得以根本改变。加之网络时代的来临,因特网将世界上数以万计的计算机、网络互联在一起,既互通信息,共享资源,又相互独立。由于因特网没有中心,没有领导管理机构,因此也就没有人比其他人享有更多的特权,每个网民都可能成为中心,人与人之间的联系和交往趋于平等,个体的平等意识和权利意识也进一步加强,不再受传统社会等级制度的控制,最大限度地体现了人际交往的平等性。可见,互联网所表现出的开放、自由、互动体现了一种与生俱来的平等性。互联网空前的开放和自由,不仅使其拥有了无限的信息量,也使网络中的每一个成员可以平等地共享这些信息。人们可以利用互联网所特有的交互功能,互相交流、制造和使用各种信息资源,以及进行人际沟通。

(三) "全媒体"的时代

1. 全媒体概念的理论与实践演进

"全媒体"时代的到来标志着传媒领域的一场深刻变革,它超越了传统媒介的界限，整合了文字、音频、视频、图形等多种媒介形式，实现了信息在不同平台和渠道间的无缝对接与即时传播。这一概念的理论基础源自媒介融合的深入发展，实践中体现为技术驱动下媒介形态与内容创新的不断迭代。全媒体不仅是一种技术状态，更是一种策略思维，它要求传媒机构具备跨平台的内容制作与分发能力，以及对受众行为的深度洞察，从而在多元化、个性化的信息需求中寻找新的增长点。

2. 全媒体格局下的传播模式革新

在全媒体时代，传统的线性传播模式被打破，取而代之的是网状、互动式的传播结构。信息不再单向流动，而是通过社交网络、即时通讯、用户生成内容等多元路径实现多点到多点的传播。这一变化迫使媒体机构重新审视内容生产流程，采用数据驱动的内容策划与精准推送策略，以提高信息的相关性和到达率。同时，人工智能、大数据、云计算等技术的应用，进一步推动了个性化内容推荐系统的优化，使得信息传播更加智能化、定制化，满足了受众对高质量、高效率信息获取的需求。

3. 全媒体生态下的价值重构与挑战应对

全媒体生态不仅重塑了信息传播的方式，也对媒体的价值创造与社会责任提出了新要求。一方面，媒体需要在内容多样化与深度化之间找到平衡，既要满足公众的娱乐休闲需求，也要承担起社会教育、舆论引导的责任。另一方面，面对信息过载、假新闻泛滥等问题，构建可信、透明的信息传播体系成为关键。这要求加强媒介伦理建设，提升公众的媒介素养，同时利用区块链、数字签名等技术手段确保内容的真实性和可追溯性。此外，维护版权、促进内容创作者的合理收益分配，也是全媒体时代不可忽视的价值重构议题。总之，"全媒体"时代既是机遇也是挑战，它要求我们在不断创新中寻求可持续发展的路径，共同构建一个更加健康、开放、包容的传播生态。

（四）信息透明的时代

在新媒体时代，任何一个有条件上网的人，都有可能发布消息，因为在新媒体世界里，每一个人都可以成为记者，每一个人都可以成为媒体，新闻与传播再也不仅是由专业机构从事的一种自上而下的过程，而越来越成为大众广泛参与并集思广益的活动。在新媒体时代，管理者将感受到前所未有的压力，处处感觉到有一双双眼睛在监督自己，任何事情都难逃公众的眼睛，身处网络时代的人更能深刻地感受到"法网恢恢"的含义。各阶层包括公共知识分子、中等收入阶层、成功人士、草根阶层、政府和官员、媒体记者和互联网上各色人等都可以发言，因而互联网经常成为发布个人观点的地方。

（五）公平正义的时代

传统媒体时代，民众对信息的接收和传播处于被动地位，这就造成了一系列非公开性的因素，影响了社会的公平正义。新媒体时代，信息的自主性一定程度上掌握在民众手中，借助于新媒体技术，民众可以反映自己的意见，借助司法手段，民众可以维护自己的切实利益和合法权利。同时，针对官员的贪腐现象，民众能够及时有效地进行监督，从而减少了社会"蛀虫"的危害，彰显了社会的公平正义。传统媒体的舆论监督功能有限，而兼具便捷性、时效性和广泛影响性的互联网成为老百姓最便捷地表达利益诉求和赢取公众支持的通道。

新媒体成为突发公共事件的第一信息源。借助互联网技术，民众一方面可以洞悉事件发生的真相，另一方面可以针对事件形成个性化的评论。网民深度搜索的欲望和网络信息获取能力的强大，使得"关联性"话题层出不穷。互联网已成为突发公共事件的主要信息来源，相较于传统媒体，更多相关信息首先在网络上传播。微博等社交平台成为了重要的网络舆论载体。

四、新媒体的组成

（一）智能手机

智能手机是指像个人电脑一样，具有独立的操作系统/独立的运行空间，可以由用户自行安装软件、游戏、导航等第三方服务商提供的程序，并可以通过移动通信网络来实现无线网络接入的一类手机的总称。智能手机具有以下特点：一是具备无线接入互联网的能力，即需要支持 GSM 网络下的 GPRS 或者 CDMA 网络的 CDMAIX 或 4G/5G 网络；二是具有 PDA 的功能，包括 PIM（个人信息管理)、日程记事、任务安排、多媒体应用、浏览网页;三是具有开放性的操作系统,拥有独立的核心处理器(CPU)和内存,可以安装更多的应用程序,使智能手机的功能可以得到无限扩展;四是人性化,可以根据个人需要扩展机器功能。根据个人需要,实时扩展机器内置功能,以及软件升级,智能识别软件兼容性,实现了软件市场同步的人性化功能;五是功能强大,扩展性能强,第三方软件支持多。

(二) 微博

微博是微型博客(Micro Blog)的简称,是一种通过关注机制分享简短的、实时信息的广播式的社交网络平台。微博是一个基于用户关系信息分享、传播以及获取的平台。用户可以通过 Web、Wap 等各种客户端组建个人社区,以 140 字(包括标点符号)的文字更新信息,并实现即时分享。微博的关注机制分为可单向、可双向两种。微博作为一种分享和交流平台,其更注重时效性和随意性。微博更能表达出每时每刻的思想和最新动态,而博客则更偏重于梳理自己在一段时间内的所见、所闻、所感。

(三) 微信

微信作为时下最热门的社交信息平台,也是移动端的一大入口,正在演变为一大商业交易平台,其对营销行业带来的颠覆性变化开始显现。微信商城的开发也随之兴起,微信商城是基于微信而研发的一款社会化电子商务系统,消费者只要通过微信平台,就可以实现商品查询、选购、体验、互动、订购与支付的线上线下一体化服务模式。

微信具有以下功能。一是聊天,支持发送语音短信、视频、图片(包括表情)和文字,是一种聊天软件,支持群聊。二是添加好友,微信支持查找微信号。三是实时对讲功能,用户可以通过语音聊天室和一群人语音对讲,但与在群里发语音不同的是,这个聊天室的消息几乎是实时的,并且不会留下任何记录,在手机屏幕关闭的情况下仍可进行实时聊天。

此外,新媒体还有 QQ、播客、抖音、搜索引擎等等,这里不再过多介绍。

第二节　新媒体时代下中国文学存在方式的转型

一、新娱乐时代下被读者建构的文学

新历史主义对一切带有形而上学意味事物的消解，使得人们得以放下长期加诸他们身上的历史文化。新娱乐时代的到来标志着国人心态与思想的进步。尽管这种娱乐背后隐藏的消费之手使得当下人们的精神消费走向平面化、浅俗化，但同时它也使得民间智慧和大众文化得到了尊重与理解。而这对文学产生的影响，是使文学的读者得到了前所未有的关注，文学开始脱离精英知识分子的定义，成为被读者建构的文学。

（一）全民狂欢开启的新娱乐时代

1. 媒介环境的变革与文学消费的大众化

随着新媒体技术的迅猛发展，特别是移动互联网、社交媒体平台的普及，文学作品的传播途径与接受方式发生了根本性转变。文学不再是少数精英的专利，而成为全民共享的文化资源。这一转变不仅拓宽了文学的受众基础，也促使文学创作与消费更加贴近大众生活，形成了以读者为中心的新型文学生态。在新娱乐时代，文学作品借助多样化的数字媒介迅速传播，实现了从书斋到指尖的跨越，激发了前所未有的阅读热情与参与度。

2. 互动性增强与读者角色的重塑

新媒体平台的交互特性为读者提供了直接参与文学创作与讨论的空间，使他们不再仅仅是被动的接受者，而是成为文学意义建构的积极参与者。评论、点赞、转发、创作同人作品等行为，让读者能够即时反馈意见，影响作品的流行趋势乃至内容走向。这种互动机制促进了作者与读者间动态对话的形成，文学创作因此变得更加开放和多元化，读者的主体地位得以显著提升。

3. 文化消费模式的变化与文学的娱乐化倾向

新娱乐时代背景下，文学作品越来越倾向于融入娱乐元素，以适应快速消费、即时满足的大众文化需求。网络小说、微小说、短视频文学等形式的兴起，显示出文学向通俗化、趣味化方向的发展趋势。这些作品往往注重情节的紧凑性、悬念的设置以及视觉效果的营造，旨在吸引并保持读者的注意力，在碎片化的时间里提供轻松愉悦的阅读体验。同时，这种娱乐化倾向也引发了对文学价值与深度的再思考，如何在娱乐与艺术性之间取得平衡，成为新时代文学探索的重要课题。

（二）"粉丝"的黄金时代

1. 粉丝经济的崛起与文学创作的变革

在新媒体的推动下，粉丝文化迅速扩张，形成了独特的粉丝经济模式，深刻影响了文学创作与传播的生态。文学作品，尤其是网络文学，开始围绕粉丝的偏好与需求进行创作，形成了特定的"粉丝向"文学作品。粉丝的参与度与忠诚度直接影响着作品的热度与生命力，促使作者更加注重与粉丝的互动，采纳粉丝反馈，甚至邀请粉丝共创，共同塑造文学作品的宇宙。这种模式下，文学作品的生产更加市场化，粉丝成为推动文学创新与发展的核心力量。

2. 社群文化的形成与文学社群的凝聚

伴随"粉丝"的黄金时代，文学社群成为重要的文化现象。粉丝基于共同喜爱的文学作品或作者，通过微博超话、论坛、微信群、QQ群等新媒体工具聚合，形成紧密的社群。这些社群不仅是文学作品讨论的场所，也是粉丝情感交流、文化共创的空间。社群内部的互动与活动，如同人创作、角色扮演、线下聚会等，增强了粉丝的身份认同，也推动了文学作品的二次传播与文化衍生，为文学作品的长期存续提供了强大支撑。

3. 粉丝文化的正面影响与社会影响力的提升

在粉丝经济与社群文化的推动下，文学作品的社会影响力得到显著提升。粉丝群体不仅在文学领域内活跃，还通过社交媒体的传播力量，将文学作品推向更广泛的社会层面,参与公益慈善、文化传播等社会活动,展现出粉丝文化的正能量。这种现象不仅提升了文学的社会地位,还促进了文学与社会文化的融合,让文学成为反映时代精神、引导社会风气的重要力量。粉丝的积极参与,使文学在新媒体时代拥有了更深远的社会影响力与文化价值。

(三) 被读者建构的文学

1. 读者参与创作过程的民主化

新媒体时代,文学创作不再是作者的独立行为,而是逐渐转变为一种读者参与的民主化进程。通过在线平台、社交媒体等渠道,读者可以直接与作者沟通,提出建议、反馈意见,甚至对作品的走向产生影响。这种互动模式促使作者在创作时更多地考虑读者的期待与需求,文学作品因此成为作者与读者共同构建的文化产品,体现了文学民主化生产的趋势。

2. 读者反馈循环与作品的迭代更新

在新娱乐时代,文学作品的发布不再是终点,而是持续迭代更新的起点。作者依据读者的实时反馈,对作品进行修订、扩展章节、增加情节,甚至根据受欢迎的角色或情节线索衍生出新的作品。这种即时的反馈循环机制加快了文学作品的成熟与完善过程,也促使文学内容更加贴近读者的审美趣味和心理预期,形成了"边创作边反馈边修改"的动态文学生产模式。

3. 文学价值的多元评价体系与读者视角的凸显

新媒体环境下,文学评价体系也从单一的专业批评向多元化转变,读者评价占据了重要位置。评分、评论、阅读量、转发量等数据成为衡量作品受欢迎程度的直观指标,而读者的读后感、书评、二次创作等则丰富了文学解读的维度。这种评价体系的转变突显了读者的主体性,文学作品的价值不再仅由专业人士定义,而是由广泛的读者群体共同参与评判,反映了文学社会效应的多重视角和深度。在此过程中,读者的建构作用不仅影响了文学的内容和形式,也重塑了文学的评价与传播机制,推动了文学在新媒体时代的新发展。

二、新媒体时代下中国文学存在方式的转型方向

新媒体对文学的挤占、文学本身的激变、读者注意力的转移，在这三股力量所形成的强大合力的作用下，纯文学到当下几乎已经到了自娱自乐的地步。文学的困窘与危机，决定我们对文学存在方式的研究，应该由对文学本质的阐释转向到对文学现实、文学实践的关注。而实质上，当下的文学也正以大量的文学实绩和实践活动，彰显文学存在方式的悄然转型。从审美创造到复制生产、从道德的象征到消费的象征，文学存在方式的转型虽不免让人对文学的命运感到沮丧，但这却是文学自身在风云激荡的新媒体时代被迫做出的无奈抉择。

（一）从审美创造到复制生产

文学的创作方式由审美创造到复制生产的改变，标志着文学从艺术作品到精神产品的转型。文学不再是作家对生活进行体悟、深思后的艺术创造，而是沦为一种机械时代下的简单复制。这种复制将导致文学的神圣性、批判性、唯一性丧失，文学最终的归宿只是作为一种产品而已。当下中国的文学审美教育，尤其是中学文学教育真切地诠释了文学作为一种产品的概念。文学教育的功利化、模式化导致了文学教育的异化。当下的中国文学离人的自由越来越远。人们，尤其是年轻人对文学的期待和关注越来越低。

1. 机械复制时代下的文学生产

（1）技术革新与文学生产方式的变革

在新媒体时代，技术的飞速进步特别是数字复制技术、网络通信技术的发展，极大地改变了文学作品的生产与传播模式。文学创作不再局限于手稿与传统印刷，而是可以通过电子文档、在线编辑工具迅速复制、编辑和分发，加速了文学内容的生产速度，降低了传播成本，使得文学作品能够迅速触达更广泛的读者群体。

（2）批量生产与文学的商业化

机械复制时代促进了文学的批量生产，文学作品如同工业产品一般进入市场流通，形成了规模化、标准化的生产模式。这一变化促使文学创作更加注重市场

需求与读者偏好，商业化策略成为文学创作的重要考量因素。类型文学如网络小说、畅销书的大量涌现，显示了文学生产向娱乐化、快餐化方向的倾斜，文学作品的创作与销售紧密相连，呈现出明显的商品属性。

（3）原创性与复制性之间的张力

在机械复制技术的背景下，文学作品的原创性与复制性之间产生了复杂的关系。一方面，复制技术的便捷导致文学作品易于模仿与复制，原创性面临挑战，抄袭、同质化现象频发，对文学的创新性构成威胁。另一方面，复制也为文学的传播提供了前所未有的广阔舞台，文学创作的影响力得以放大，原创性作品在众多复制品中更显珍贵，激发了对独创性的追求与保护。这种张力推动文学在复制时代的自我反思与革新，探索如何在复制中保持文学的独特价值与深度。

2. 被异化的文学审美教育

（1）标准化与同质化的审美导向

在新媒体时代，文学审美教育面临被异化的风险，部分原因在于对文学教育的标准化处理和同质化倾向。为了追求效率和考核的便利，文学课程常以统一教材、标准答案、模板化的鉴赏方法为主，忽略了文学本身的多元性和个性化解读空间。这种教育方式可能导致学生缺乏独立思考和创新性审美能力，只知遵循既定的审美框架，而无法真正理解和欣赏文学作品的深层次美学价值与文化内涵。

（2）技术媒介影响下的审美感知变化

新媒体技术的快速迭代不仅改变了文学的生产方式，也深刻影响了审美教育的环境与学生审美感知。数字化阅读、碎片化信息接收习惯可能导致学生注意力分散，难以沉浸在深度阅读和复杂文学作品的精神性体验中。同时，视觉冲击力强的多媒体内容可能使学生过度依赖视觉刺激，而忽视文学语言的细腻与想象空间，进而影响文学审美能力的全面发展。

（3）重拾文学教育的本真价值与创新路径

面对审美教育的异化，重拾文学教育的本真价值显得尤为重要。这要求教育者在教学中重视文学的多元解读，鼓励学生独立思考，培养批判性与创造性思维，而非单纯记忆标准答案。同时，应利用新媒体技术的积极面，如在线文学社群、数字图书馆等资源，丰富教学形式，拓宽文学接触面，但同时教授深度阅读技巧，引导学生在信息海洋中筛选有价值的内容，培养健康的审美习惯。此外，融合跨学科视角，如文学与艺术、科技的结合，也能为文学教育注入新活力，激发学生的审美创造力与跨领域能力，使文学审美教育在新媒体时代焕发新生。

（二）从道德的象征到消费的象征

文学从审美创造的艺术作品转型为机械复制的精神产品，使得文学将不再承载意识赋予的历史与政治价值。随着消费主义时代的来临，作为文学作品消费端的读者的身份得到了空前的提升与尊重。自此，文学生态领域内由作家、评论家、读者三股力量保持的平衡被打破，消费最终完成了对文学市场的天下一统。文学生产机构所倾心关注的也不再是文学本身所持有的诗意价值，而是文学作为一种消费品所潜藏的商业价值。文学由作品到产品，再到商品的转变，标志着文学不再是道德的象征，而是消费的象征。

1. 消费时代的艺术秩序

（1）商品化逻辑下的文学创作与评价

在消费主义盛行的新媒体时代，文学作品逐渐被纳入市场逻辑之中，成为商品的一种形态。这不仅体现在文学作品的出版、销售上，更深刻地影响了创作内容与风格的选择。作家在创作时，除了考虑艺术表达和思想深度，还需顾及市场需求和受众偏好，导致某些作品倾向于追求可消费性、娱乐性和即时满足感，而可能牺牲了文学的深刻性与长久价值。同时，文学评价体系也受此影响，销量、点击率、关注度等市场指标成为衡量作品"成功"的重要标准，传统基于艺术和道德价值的评判维度受到挑战。

（2）文学消费与身份建构的互动

消费时代的文学不仅是消费品，还成为个体身份和社会地位的象征。读者通过选择特定类型或作者的文学作品来彰显自己的品味、价值观乃至社会阶层归属感，文学阅读行为本身成为一种文化资本的积累过程。这种趋势促进了文学市场的细分，各种小众文学、粉丝文化兴起，文学消费从单一的审美享受扩展为复杂的社会文化实践。然而，这也可能加剧文学市场的分化，使得某些具有深刻社会意义但不符合大众口味的作品边缘化。

（3）文学的抵抗与自我超越

面对消费逻辑的全面渗透，一部分文学创作者与批评家开始探索文学的内在价值与社会责任的坚守，尝试在消费时代背景下实现文学的抵抗与自我超越。他们通过创作具有批判性、反思性的文学作品，揭示消费主义社会中的矛盾与问题，唤醒公众对深层人文关怀的追求。同时，利用新媒体平台的广泛传播力，这些作品试图构建新的文学社群，促进深层次的思想交流与文化对话，以此维护文学作为社会道德和精神价值承载者的角色。在此过程中，文学不仅反映消费时代的特征，更力求成为引领时代精神、重塑价值观念的重要力量。

2. 先锋艺术的"末路"

（1）市场压力下的边缘化

随着新媒体技术的发展和消费文化的盛行，传统意义上的先锋艺术——那些旨在突破常规、挑战既定美学边界与社会规范的文学创作——正面临前所未有的边缘化危机。在以点击量、关注度为导向的市场机制下，先锋文学因其实验性、抽象性以及对大众审美的挑战，往往难以迅速获得广泛认可与商业成功。这导致许多先锋艺术家和作家在经济压力下被迫转向更加商业化、易消化的艺术形式，或是完全退出公众视野，先锋艺术的创新精神和探索价值因而被淡化乃至遗忘。

（2）审美标准的同质化

新媒体环境下信息的快速流通与共享，虽然促进了文化交流，但也加速了审美标准的全球同质化过程。曾经作为文化反叛与独立思考标志的先锋文学，其异质性、批判性特质逐渐被消解，代之以更加符合国际审美趋势和市场期待的创作模式。这一变化不仅反映了全球化语境下地方文化身份的危机，也提出了关于如何保持文学艺术独立性和创新活力的深刻问题。

（3）数字平台上的新机遇与挑战

尽管传统先锋艺术似乎步入"末路"，但新媒体时代也为先锋文学提供了新的表现空间和传播渠道。网络文学、电子书、社交媒体等平台，让先锋作家有机会绕过传统出版的限制，直接与读者建立联系，甚至形成小众但忠实的读者群体。数字媒介的交互性、多媒体特性为先锋艺术的实验提供了无限可能，如超文本小说、视觉诗、互动叙事等新兴形式，正在重新定义文学的边界。然而，如何在碎片化的注意力经济中保持深度思考，在海量信息中不被淹没，以及如何在商业化大潮中坚持艺术的纯粹性，成为先锋文学在新媒体时代必须面对的新挑战。

3. 被消费的文学

（1）文学作品的商品化进程

传统上被视为精神食粮与道德引导的文学，如今在很大程度上被赋予了商品的标签，其价值衡量标准在很大程度上取决于市场销量、网络热度以及能否快速转化为影视、游戏等其他娱乐形式。这一转变促使作家、出版社乃至整个文学产业不得不更加注重作品的市场定位与受众接受度，文学创作在某种程度上成为满足特定消费者群体需求的定制服务，从而影响了文学内容的深度与广度。

（2）消费主义对文学内涵的影响

伴随消费文化的盛行，文学作品的内容和形式逐渐趋向于浅显直白、追求感官刺激和即时满足，以适应快节奏的消费习惯。深度思考、复杂人性的探讨及社会批判等功能逐渐被淡化，转而强调故事的娱乐性、情节的紧凑和人物的偶像化，文学作品成为一种短暂消费的娱乐商品。这种变化不仅改变了文学的审美取向，也影响了读者的阅读习惯和价值判断，可能导致文学深层次精神追求的缺失和文化内涵的贫瘠。

（3）文学消费与个体身份建构

在消费社会中，文学作品不仅仅是阅读的对象，更成为个体身份认同和社会地位展示的符号。通过阅读和讨论特定的文学作品，人们构建并展示自己的文化品位、知识水平乃至生活方式，文学消费成为一种社交资本。这一现象促进了特定文学社群的形成，同时也加剧了文学领域的分化，高端文学与通俗文学之间的界限更加分明，且常常伴随着阶层区分的隐喻。在此背景下，如何平衡文学的大众化普及与深度文化的传承，如何在消费主义洪流中保留文学的独立性和批判精神，成为亟待解决的问题。

第三节 新媒体环境下汉语言文学教学的创新策略

一、新媒体时代现代汉语教学资源的整合与利用

当今中国，社会信息化趋势日益凸显。新媒体时代的到来，不仅改变了我们的日常生活，也改善了我国高校的教学手段。在当前背景下，现代汉语教学的重要性更加明显，直接关系到学生的文学内涵和文化素养，以及大学生的语言表达能力等问题。通过利用新媒体，将现代汉语教学的视野拓展、口径扩大、效率提高、趣味增多。有利于丰富现代汉语课程的教学资源，更加焕发汉语言教学的活力，推动现代汉语课程教学的稳步前进。

（一）新媒体时代现代汉语教学资源整合利用的可能性与现实性

科学技术不断发展的当今社会，新媒体技术也成为教学改革的重要手段之一。"新兴传媒传播的信息是社会变迁的晴雨表。"新媒体作为信息载体，其包括丰富的资源，内容贴近社会实际，不仅能够引起学生的学习热情，还能够激发教育工作者的创新能力。利用新媒体技术将现代汉语教学资源加以有效的整合利用，能够促进现代汉语教学的进步，实现教学与实际相结合。

1. 跨媒体内容的智能化融合与深度学习资源库构建

新媒体技术推动了现代汉语教学资源的智能化升级，实现了文字、音频、视频等多种媒介的无缝集成，构建了深度学习资源库。这不仅限于基础的资源整合，更侧重于资源的智能关联与优化，如利用自然语言处理技术对文本资料进行语义分析，自动标注语法点、词汇难度，为学习者提供层次分明、按需提取的学习资料。资源库的动态更新机制，确保内容紧跟时代潮流，涵盖最新语言现象和文化议题，满足不同学习阶段的深度学习需求。

2. 微信小程序与移动应用的便捷学习生态

新媒体平台，特别是微信小程序与各类教育移动应用，为现代汉语教学提供

了便捷的学习生态环境。这些轻量级应用集合了在线课程、习题测试、即时通讯、进度跟踪等功能，使学习随时随地可行，充分利用碎片时间。通过小程序接入的社群学习，鼓励学习者形成学习小组，进行互助答疑、资源共享，增强学习动力和社群归属感。此外，智能提醒与日程规划功能，帮助学生有效管理学习计划，提升自我管理能力。

3. 云端课堂与个性化学习路径的动态优化

新媒体技术支持的云端课堂教学模式，结合云端存储与大数据分析，为每位学习者打造个性化学习路径。云端课堂不仅打破了地域限制，实现远程实时互动教学，还通过收集学习数据，分析学生的学习习惯、掌握程度，智能推荐个性化学习资源和适应性练习，动态调整教学策略。这种以学习者为中心的教学模式，确保了教学内容与方法的针对性，有效提升学习效率，同时也为教师提供了精准教学支持和教学效果的科学评估依据。

（二）整合利用的方法和途径

新媒体与现代汉语教学相结合能够提高学生的兴趣，也能提高现代汉语的实用价值。那么，怎样将新媒体技术与现代汉语有机地结合起来，在不破坏课堂秩序的情况下，提高现代汉语教学效率是一项重要课题。"要大力推进信息技术在教学过程中的普遍应用，促进信息技术与学科课程的整合。"新媒体与现代汉语教学资源的整合也有重要的实践意义。

1. 深度挖掘与智能优化：教学资源的系统性积累与筛选策略

在新媒体时代背景下，对现代汉语教学资源的整合利用首先需从深度挖掘与智能优化入手。这一过程不仅要求教育者具备敏锐的信息捕捉能力，还需利用先进的数据处理技术提升资源的系统性与针对性。首先，应构建多元化获取渠道，包括但不限于开放课程平台、专业数据库、学术期刊及权威出版物，确保资源的广度与前沿性。其次，采用智能化筛选模型，结合自然语言处理（NLP）和机器学习算法，对收集到的海量信息进行语义分析、质量评估与精准匹配，确保纳入资源库的内容既符合教学大纲要求，又能够满足不同学习风格和能力水平学生的个性化需求。此外，建立动态更新机制，跟踪资源的时效性和适用性，通过用户行为分析反馈，持续迭代优化资源结构，促进教学内容的鲜活与创新。

2. 交互式学习生态构建：促进课堂资源的高效率互动与协作

构建一个富有活力的交互式学习生态系统，是新媒体技术在现代汉语教学中深度融合的关键路径。这不仅仅意味着技术工具的简单应用，更是教学理念与模式的根本变革。首先，应设计和开发一系列富媒体交互课件，如集成语音识别、语境理解的智能对话系统，以及利用增强现实（AR）技术创建的沉浸式文化体验模块，这些工具能有效提升学生在语言学习中的参与感和情境感知能力。其次，构建云端协作平台，支持小组讨论、在线协作编辑与项目共享，促进学习社群内的知识共创与智慧碰撞。同时，引入游戏化学习元素，如积分奖励、排行榜和徽章系统，激励学生积极参与，形成正向学习循环。通过这些策略，可以打破传统课堂的界限，打造一个全天候、跨地域的互动学习网络。

3. 实践导向的融合学习路径：链接理论与实际，深化语言应用能力

在现代汉语教学中，将理论学习与实际应用紧密结合，是提升学生语言综合能力的关键所在。为此，应设计一套系统的实践导向学习路径，该路径不仅要覆盖从基础语法到高级表达的全链条，更要融入丰富的实践机会与挑战。具体而言，可以开展"任务驱动型"学习项目，如组织学生参与线上国际文化交流活动，通过社交媒体策划并执行汉语推广计划，或是参与社区服务，为非母语人士提供语言援助，这些实践活动不仅能够锻炼学生的语言沟通技巧，还能增进他们对跨文化交际的理解与尊重。同时，建立校企合作机制，为学生提供实习实训基地，将课堂教学与行业需求对接，使学生在解决实际问题的过程中深化语言应用能力。通过这些措施，促使学习者在真实的语言应用场景中不断试错、反思与成长，从而达到理论与实践的深度融合。

二、大学现代汉语课程教学模式探索

（一）调整教学内容，使其更贴近实践和现实

现代汉语课程目前的教学内容，一方面，重理论介绍轻实践训练，另一方面，缺乏与时俱进，没有很好地和当前的社会生活联系起来。要想真正通过该课

程教学激发学生兴趣、提高学生语言能力，需要对现代汉语的教学内容进行调整。在语言理论学习内容的基础上，增加社会热点语言现象调查研究、与学生未来职业能力相关的语言项目教学实践等内容，使理论与实践、课程内容和社会生活有机结合起来，增加理论的现实性和针对性。具体来说，针对学生"只知文学家，不闻语言学家"的状况，可以向学生推荐介绍相关语言学家的生平和研究成果，将课本中的理论和生活中的人物对应起来，拉近学生和语言理论的距离。针对学生理论学习多，语言实践少的状况，可以设计方言调查的教学内容，引导学生初步运用理论进行实践，调查自己方言的基本面貌，关注方言生存的社会文化问题。针对学生未来的职业能力，可以引入小学阶段的拼音教学、汉字教学、词汇教学，以及针对留学生汉语项目教学等实践内容，既可以巩固所学理论，又可以锻炼教学能力。

此外，外来词语、网络词语、广告用语等语言现象的实践调查、理论阐释、规范研究等都可以设计为生动的教学内容，让学生感受到语言与社会生活密切相关，培养在社会生活中关注语言现象、发现语言魅力的习惯。

上述教学内容的调整可以为课程教学内容注入更多的活力，打破课程教学封闭、单一的理论介绍模式，建立起更开放、更丰富、更有效的教学内容体系。

（二）构建形式多样的互动式教学课堂，提高学生的参与度

传统的现代汉语课程的课堂教学模式一般是教师台上讲、学生台下记。这种模式导致的结果常常是学生参与度低，对很多知识的理解流于表面，动手能力差。要切实提高课程的教学效果，学生的主动参与至关重要。为此，课堂应该采用形式丰富的互动式课堂教学。

1. 语言实践互动教学：以学生为中心的参与式角色扮演

在语言实践互动教学中，采用参与式角色扮演活动，让学生亲自投入特定情境中，通过模拟对话、情景剧等形式，使学习过程生动活泼。利用在线平台，如在线会议工具、语音录制与分享系统，学生可以录制并分享他们的角色扮演过程，接受同伴和教师的即时反馈。这种方式鼓励学生主动应用语言知识，提高实际交流能力，同时促进课堂氛围的活跃与学生之间的互动。

2. 案例收集互动教学：学生主导的社群化学习资源库建设

通过建立学生主导的案例收集平台或社群，鼓励学生在日常生活中发现、收集与课程相关的语言实例，如新词语、文化现象、社会热点中的语言应用等，并在平台上分享讨论。教师可定期筛选优质案例融入教学，形成动态更新的教学资源库。这种方式不仅让学生参与教学内容的生成过程，增强学习的关联性，还促进了学生间知识的共享与协作学习能力的提升。

3. 专题讨论互动教学：线上线下结合的深度研讨与交流

在专题讨论互动教学中，结合线上论坛、社交媒体群组与线下研讨会的形式，针对语言学习的重点、难点或社会热点问题，组织学生进行深入研讨。线上预习与资料分享为线下讨论奠定基础，线下研讨会则提供面对面交流的深度互动空间，鼓励学生发表见解、质疑与辩驳，通过思辨过程深化理解，同时培养批判性思维和表达能力。

4. 自查自测互动平台：智能化诊断与个性化学习路径的探索

利用智能化学习系统和自适应技术，创建自查自测的互动平台，提供个性化学习资源和即时反馈。学生根据自身学习进度和掌握情况选择习题，系统自动调整难度级别和推荐学习内容，同时分析学习弱点，提供针对性练习。这种模式鼓励学生自主学习，通过不断的自我检查与调整，深化理解，同时也为教师提供了学生学习情况的宏观把握和个别化教学指导的依据，有效提升教学的针对性与效率。

（三）采用新媒体技术创建课程微信辅助教学平台

大学生熟悉各种网络交流媒介，也喜欢尝试新鲜事物。微信兴起后，一跃而成为大学生的新宠，使用微信进行碎片化阅读也成为大学生新的阅读方式。基于此，在课堂教学时间有限和空间受限的情况下，可以充分利用微信平台将现代汉语的课堂延伸到课外，教师与学生之间在课后也可以开展广泛、深层次的沟通、交流和互动。目前，利用微信平台可以实现以下多种形式的辅助教学功能。

1. 通过平台发布教学资源

教师可以利用微信的信息发布功能将课程的教学资料发布在平台上，学生可以随时浏览，反复阅读。

（1）章节要点

在课程微信辅助教学平台上，精心设计的"章节要点"模块起到了知识体系的骨架作用。不同于传统的目录式罗列，该模块通过高度概括性的语言与逻辑清晰的结构，将每章节的核心理论、关键概念以及原理机制精炼展现。利用多媒体元素如信息图、思维导图及短视频摘要，直观展现复杂概念，帮助学生快速抓住重点，加深理解。此外，结合 AI 算法推送个性化复习提示，针对学生的学习轨迹智能强调重难点，确保每位学习者都能准确无误地把握课程的精髓所在。

（2）作业、练习

作业与练习板块是微信辅助教学平台的互动中枢，它不仅仅是一个任务发布的平台，更是学生自我检验与进步的舞台。通过集成先进的学习管理系统（LMS），平台能够根据学生的学习表现动态分配个性化作业，实现难度与学生能力的精准匹配。作业类型多样，包括但不限于选择题、填空、简答乃至创新性项目作业，旨在全面评估并提升学生的理解力、应用能力和创新能力。提交后，即时反馈机制利用 AI 技术自动批改部分题目，提供详尽解析，而对于开放性问题，则引入同伴评价与教师点评，形成多层次的反馈循环，激励学生主动反思与修正，加速学习进程。

（3）拓展材料

拓展材料专区旨在打破传统课程的界限，通过整合跨学科的前沿文章、学术论文摘要、行业报告、专家访谈视频以及国际会议的精彩片段，为学生搭建一个开放的知识探索平台。这些材料不仅补充课程内容，更引导学生将所学知识与更广阔的社会、科技、文化背景相联系，培养其批判性思维和跨界整合能力。专区采用智能推荐算法，基于学生浏览记录与兴趣偏好，推送定制化的学习资源，鼓励学生自主探索未知领域，拓宽学术视野，激发深层次的学习热情与研究欲望。这一设计不仅丰富了学习体验，也为学生未来的职业发展与终身学习奠定了坚实的基础。

此外，也可以通过微信的"关键词"回复功能，设计专门的试题，学生通过"关键词"提取后进行测试。

2. 通过平台进行辅导答疑

微信辅助教学平台利用即时通讯技术和智能算法，开辟了全新的辅导答疑渠道。教师可通过平台设立在线办公时间，实时解答学生疑问，无论是文本、语音还是视频通话，多样化的沟通方式确保了问题解决的即时性和有效性。同时，集成的智能助手能自动筛选常见问题，提供初步解答，减轻教师负担。更重要的是，平台鼓励学生间互助答疑，形成学习小组，利用论坛、群聊功能分享解题思路，促进知识的二次传播与理解深化。这种即时互动模式，不仅增强了师生、生生之间的沟通效率，也构建了一个支持性、互动性强的学习社群，让学习过程不再孤单。

3. 通过平台展示学习成果

微信辅助教学平台为学生提供了一个展示学习成果的舞台，鼓励个性化与创意表达。学生可通过上传作业、项目报告、视频展示、在线演讲、互动作品等多种形式，全面展示学习成果，不仅限于知识掌握，更注重能力展现与创新思维的培养。平台集成的评价系统允许教师、同学及公众给予点赞、评论和评分，形成多元化的反馈机制，激励学生不断提升。定期的优秀成果展示专栏，更能激发学生的成就感与竞争意识，促进良性循环。这种成果展示与交流机制，不仅丰富了教学评价维度，还促进了学习成果的社会化分享，提升了学习的可见度与价值感，为学生的成长档案增添光彩。

总之，大学生是一个特别的群体：他们拥有强烈的学习欲望，需要学习交流平台；他们经常使用移动互联网，关注新媒体新技术；他们喜欢体验新事物，希望教学更新潮。目前，微信已经成为大学生交流沟通的主要方式之一，如何发挥这个平台的教育作用值得思考和探索。如果微信辅助教学平台构建合适，势必会让学生更主动地关注和参与课程的学习。

三、基于微信平台的现代汉语翻转教学模式探讨

网络化和信息化是当今时代的特点，随着新媒体时代的进一步发展，微信公众号进入到人们日常生活中的方方面面，利用微信公众号为专业教学服务，不仅增强了学生学习的参与感，还能丰富教学模式，促进我国教育事业的发展。传统

教学方式就是一种将教师当作核心、将知识教授当作重点的方式，是围绕板书、考试、教学规定的一种方式。在这一教学方式内，学生只学会了被动性地记住教师讲解的知识点，在课堂内没有跟教师进行互动，也没有一个良好的学习气氛；同原来的教学方式有所差别，借助翻转课堂进行教学就是一种将学生当作核心的方式，学生成为学习中的主导，教师则成为指导者，这是一种"信息技术+教学"的方式，也是一种提前预习、课上探讨的方式。

信息技术的进步，使得学生在进行现代汉语的学习期间，可以借助网络收获各种各样有关现代汉语知识的信息及材料，而可以不单只是将教师在课堂内教授的知识点当作唯一收获知识的源泉。微信作为21世纪的产物，它的发展速度备受瞩目。腾讯发布2023年第四季度及全年财报显示，微信月活达13.43亿，主要使用人群为工作者、年轻人以及学生。微信不再局限于个人与个人之间的交流交往，更被广大社会组织使用在日常的人员工作管理以及生产营运活动中。微信公众号作为微信的一种功能，并且作为一种新媒体，它的无时间空间限制等优点有效地改善了教学水平，并开始将微信平台作为一种新的教学模式。

（一）微信平台在现代汉语翻转课堂教学的应用价值

1. 提升学生的学习兴趣

微信平台通过其丰富的媒体集成能力和互动性，为现代汉语教学提供了新颖的学习环境，显著提升了学生的学习兴趣。利用微信公众号推送定制化学习资源，如短视频、图文并茂的成语故事、语音讲解等，使抽象的汉语知识生动化，贴近学生日常生活，满足了不同学习风格的需求。此外，结合小游戏、在线测试等形式的学习活动，以趣味性激发学生的好奇心和探索欲，使学习成为一种主动、愉快的过程，有效增强了学生的内在学习动机。

2. 实时交流和沟通

微信平台的即时通讯特性为现代汉语翻转课堂提供了实时交流和深度沟通的高效渠道。在课前预习阶段，学生可即时向教师或同学提问，获得快速解答，扫清学习障碍；课后，通过微信群组讨论，深化对课堂内容的理解，分享个人见解，形成观点碰撞，促进思维的深度拓展。教师亦可利用微信进行个别辅导，根据学生反馈调整教学策略,实现精准教学。这种即时且深入的交流模式,不仅解决了学习过程中的即时问题,更促进了学习共同体的形成,加强了师生、生生间的连接,共同营造了积极的学习氛围。

3. 随时随地学习

微信平台的移动性为现代汉语教学提供了超越传统教室的灵活学习环境,支持学生随时随地学习,满足个性化学习需求。利用微信小程序或云课堂,学生可根据自己的时间安排自由选择学习时段,无论是通勤途中还是闲暇时刻,都能便捷访问课程资源,进行学习。同时,个性化学习路径推荐系统依据学生的学习进度和能力,智能推送适应性学习内容,实现学习资源的个性化供给。这种灵活性与个性化相结合的学习模式,极大提高了学习的便利性和效率,适应了现代快节奏生活中的学习需求,促进了自主学习能力的培养。

(二) 微信平台在现代汉语翻转课堂教学中的运用策略

1. 注重对相关教师开展教育及培训

(1) 技术应用与教学法融合培训

为确保教师能够有效利用微信平台促进现代汉语教学,需组织专门的教育培训,强调技术应用与现代教学法的融合。培训内容应涵盖微信平台的各项功能,如公众号运营、小程序开发、群聊管理、视频号发布等,以及如何将这些功能与翻转课堂的预习、课堂互动、课后反馈等环节相结合。同时,引入混合式学习、情境教学、协作学习等先进教学法,指导教师如何设计富有互动性、参与性的教学活动,以技术赋能教学创新。

(2) 持续的在线支持与社群建设

建立持续的在线支持系统,为教师提供技术咨询、教学资源分享、经验交流的平台。可以建立专属的教师社群,定期举办线上研讨会、工作坊,邀请教育技术专家和一线教师分享成功案例,讨论解决实施中遇到的挑战,形成良好的互助氛围。此外,建立资源库,提供教学设计模板、技术指南、优秀课件示例,供教师参考借鉴,减少摸索成本,加速教师适应新技术的过程。

(3) 评估与反馈机制的建立

建立教师微信平台应用能力的评估与反馈机制，是培训与持续改进的关键。通过观察课堂实践、学生反馈、同行评审等多维度，定期对教师的微信平台应用能力进行综合评估，识别教学中的亮点与不足。结合评估结果，为教师提供个性化反馈和后续发展建议，鼓励教师持续优化教学策略，提升教学质量。同时，将评估结果与教师职业发展、绩效挂钩，激励教师主动学习新技术，形成良性循环，确保微信平台在现代汉语翻转课堂中的有效应用。

2. 确保平台推送内容的质量

（1）内容审核与标准化流程

建立严格的内容审核机制是保障微信平台推送内容质量的第一道防线。制定详细的内容标准和审核流程，包括语言准确性、文化适宜性、知识正确性、版权合规等方面，确保所有推送内容均经过多轮次校对与专家审核。利用自动化工具辅助筛查错别字、敏感信息，结合人工审阅确保内容的全面性和专业性。此外，建立内容更新机制，对已发布内容进行周期性复查与更新，确保信息的时效性和准确性。

（2）内容多样性与层次性设计

内容设计需兼顾多样性与层次性，以适应不同学习者的需求和能力。根据现代汉语学习的阶段性目标，将内容划分为基础词汇、语法、阅读理解、听力训练、文化背景等多个模块，并在每个模块中融入不同难度级别的材料，如初级、中级至高级，满足不同水平学生的学习需求。同时，采用多媒体形式丰富内容表达，如图文并茂的文章、音频讲解、互动视频、动画演示等，提高学习的趣味性和吸收效率。

（3）用户反馈与内容优化闭环

构建内容质量提升的持续反馈与优化机制至关重要。利用微信平台的互动功能，如调查问卷、在线反馈表单、评论区，主动收集学生对推送内容的反馈，包括理解度、兴趣度、建议等，利用数据分析工具汇总分析反馈数据。基于学生反馈和学习数据，定期对内容进行优化调整，如增减内容量、调整难易度、改进表达方式等，确保内容贴合学生实际需求，形成内容质量持续提升的闭环。此外，鼓励教师团队内部定期进行内容分享与互评，通过同行评价促进内容质量的共同提升。

3. 增强学生的引导和督促

（1）个性化学习路径规划与跟踪

在微信平台上实施个性化学习路径设计，依据每位学生的入学测试成绩、学习偏好及进步速度，智能推荐适合其水平的学习资源与任务。通过算法分析学生的学习行为数据，动态调整学习路径的难易度与内容侧重，确保每位学生都能在适合自己的节奏下有效学习。同时，设立学习进度跟踪系统，定期向学生推送个性化学习报告，详细展示学习成果、薄弱环节及改进建议，增强学生自我监控的能力。

（2）建立互动社群，促进同伴互助与竞争

创建基于微信的互动学习社群，鼓励学生在群内分享学习心得、提问解惑，形成积极的学习氛围。组织线上学习小组，开展小组讨论、合作项目等，利用微信的即时通讯功能促进学生间的即时交流与协作，通过同伴互助加速学习进程。此外，引入学习竞赛机制，如设立每周学习之星、最佳作业展示等，利用微信平台的投票、点赞功能增加互动性与趣味性，激发学生的学习动力与参与热情，实现良性的学习竞争。

（3）智能化提醒与定期反馈机制

开发智能化提醒系统，根据学生设定的学习计划自动发送学习提醒，包括每日任务清单、即将截止的作业提醒、复习提示等，帮助学生有效管理时间，减少拖延现象。同时，实施定期的一对一辅导反馈，教师通过微信私信或视频通话的形式，针对每位学生的学习情况给予个性化的反馈与指导，明确指出进步点与待改进之处，提供具体的学习策略建议。这种个性化的监督与反馈机制，不仅能增强学生的学习责任感，还能有效提升教学的针对性与有效性。

四、新媒体时代古代汉语教学方法的创新

古汉语教学对于丰富广大学生的语言内容，实现对文化的了解来说，具有非常重要的意义。在新媒体时代下，古汉语文学教学体系对于大学生文学素养的提升来说具有非常重要的意义。古汉语教学在新媒体时代下，逐步形成了自身的特色，极大地推动了古汉语的发展。

（一）规范古汉语教学方式，促使大学生正确看待网络流行语

1. 融合教学内容，对比分析古代汉语与网络流行语

在教学设计中融入网络流行语与古代汉语的对比分析，引导学生从历史沿革、语法结构、语义变化等角度理解语言的发展，从而认识到网络流行语虽新颖，实则不少源于古代汉语的变体或借用。通过案例教学，如"囧"字的古意与现代网络用法差异，让学生在对比中体会语言的传承与创新，正确把握网络流行语的使用场合与边界，避免混淆与误用。

2. 情境模拟，提升语境理解与批判性思维

构建虚拟或现实情境，模拟古代与现代交际场景，要求学生运用或转换古代汉语与网络流行语进行交流，体验语言环境对语用的制约与影响。例如，模拟古代书信撰写与现代社交媒体发帖，分析为何及如何调整语言风格以适应不同语境。此法不仅加深学生对古代汉语的理解，而且锻炼其在新媒体环境下批判性分析网络流行语的能力，促进语言的规范使用。

3. 跨媒介项目制作，促进文化素养的综合培育

组织跨媒介项目，如制作短视频、播客、互动网站等，以古代汉语为主题，结合网络流行语的合理运用，探讨两者在当代文化表达中的角色。项目要求学生调研、策划、制作、自我反思，通过实践理解语言的社会文化内涵。教师指导学生在项目中批判性地融入网络流行语，同时保持古代汉语的规范与美感，最终促进学生跨媒介沟通能力与文化素养的全面提升，形成对古代汉语的深刻认识及对网络流行语的正确态度。

（二）充分运用网络平台，提高学生学习的主动性

1. 创建互动式在线学习社群，激发学习兴趣

依托社交媒体或学习管理平台，建立古代汉语学习社群，定期发布讨论话题，如古代文学作品解析、语言现象讨论等，鼓励学生主动分享见解，形成师生、生生之间的多维互动。利用在线投票、问卷调查等工具，了解学生兴趣点，

动态调整教学内容，使课程更贴合学生需求。社群中设立"今日一词""古文赏析"等固定栏目，通过轻松互动的形式，激发学生对古代汉语的好奇心与探索欲。

2. 开发古汉语学习 App，实现个性化学习路径

设计并推广专用于古代汉语学习的 App，集成丰富的学习资源，如古籍原文、注释、音频朗读、视频讲座等，并结合 AI 技术，根据学生的学习进度和能力评估，智能推荐个性化学习计划和练习，实现定制化学习路径。App 内置即时反馈系统，即时纠正错误，提供详细解析，增强学习效率。同时，增设成就系统和排行榜，利用游戏化元素激励学生持续学习，提升学习积极性。

3. 开展在线古文创作竞赛，促进实践与创新

利用网络平台，定期举办在线古文创作竞赛，如"古风诗词大赛""微型古文故事创作"等，鼓励学生将所学知识应用于创作实践中。参赛作品通过网络投票与专家评审相结合的方式评选，优秀作品可在学校官网、微信公众号等平台展示，增强学生荣誉感和成就感。此活动不仅锻炼了学生的语言运用能力，还促进了对古代文化的创新性传承，培养了跨媒介创作与传播的综合能力。

（三）建立多元化合作式教育方式

1. 跨学科整合，促进古代汉语与现代科技的融合教学

推动古代汉语教学与信息技术、数字人文等现代学科的交叉融合，开展跨学科项目，如利用数字人文工具分析古代文献、虚拟现实技术重现古代生活场景等。通过这类合作式学习，学生不仅能够深入理解古代汉语，还能掌握现代科技工具在语言研究中的应用，提升综合素质和创新能力，为古代汉语学习注入新鲜活力。

2. 校企合作，搭建古代汉语实践教学平台

与博物馆、文化遗址、影视公司、在线教育平台等企业建立合作关系，为学生提供古代汉语实践机会。如参与古籍数字化项目、古代剧作改编、历史文化节目解说等，使学生在实际工作中运用古代汉语知识，理解其在现代社会的应用价

值。同时，企业导师与校内教师共同指导，为学生提供全面的反馈与支持，实现理论与实践的有效对接。

3. 国际交流，拓宽古代汉语的全球视野

利用新媒体技术，如在线国际研讨会、跨国学习小组、虚拟交换项目，促进国内外高校在古代汉语教学上的合作。通过与不同文化背景的学生共同研习，比较分析古代汉语与其他古语言的异同，增强学生的跨文化交际能力，同时吸收国际学术前沿成果，拓宽学术视野。这种国际合作式学习模式有助于构建全球化的古代汉语学习社区，促进文化的相互理解和尊重。

（四）互动式教学模式在古代汉语教学中的应用

"互动式教学模式"是以培养学生实践能力和创新能力，以"让学生爱学、会学、善学"为目标，"教"和"学"之间相互统一的交互影响和交互活动过程。围绕互动式教学模式，我们主要进行着以下几方面的探索：

1. 知识层面的师生互动

互动式教学模式首先要实现知识层面的互动，关键要处理好教学内容与学生内在知识结构和水平之间的关系，学生中学阶段接触过古代语言，大一阶段系统学习过现代汉语，有一定的语言学基础，因而教师要使教学内容与学生原有知识建立联系，促使知识体系的确立，促进新的知识结构形成。教师可以利用课前3—5分钟时间交给学生播报文言阅读情况，建构由"专任教师+学生"组合的"立体讲台"，建立良好的师生互动基础。为此，教师首先要精心选择互动教学内容，根据教学目标设计问题情境，采取精讲、略讲、自学、讨论等形式，唤起学生的学习兴趣，鼓励学生独立思考，主动看书，提出问题，展开争论，有效学习和理解语言理论知识。比如讲授"古书中的用字"一节，中学教学一般并不区分古今字和通假字，只是笼统地称为通假，大学从文字学的角度来研究，才提出这一问题。教师搜集关于古书用字方面的研究成果，对这些成果做简单介绍，以激发学生对这一问题的兴趣，引导学生用自己的理解方式思考问题。如"反"在先秦有翻转、反叛、违反、返回等义项，汉代人们将"返回"的意义从"反"字所表示诸意义中分化出来，从"走"，写成"返"，在返回义上"反"和"返"

成为一对古今字。学生发现古字和今字造字构型上有一定相承关系，那么是否古今字构形上都是具有相承关系呢，教师引导学生进一步思考身—娠、亡—无、伯—霸、要—邀等，学生会发现造字构形是不具有相承关系。学生进而在阅读过程中悉心留意这方面的问题，具有明确的探究方向。带着问题去阅读可以培养学生自主提出问题的能力，激发学生学习、探索、创新的欲望。

2. 思维层面的师生互动

互动教学模式是教师主导性与学生主体性的相互结合的过程，教师主导性体现在启发学生，学生的主体性体现在独立思考并且解决问题上，教学过程将"问、答"作为教学的必要组成部分，根本目标在于培养学生良好思维习惯。古代语言去今久远，教学中"动"在难点、疑点、重点，教师重在理论联系实际，在文选篇目的学习中教会学生独立阅读、思考，将知识变成问题，运用多种教学方法发展学生智力和语言技能，"以疑引趣""以趣引思""以思引愉"，变"苦"学为"乐"学，变"死"学为"活"学，变被动学习为主动思考，使学生成为课堂的参与者，培养思维的创造性、深刻性和灵活性，锻炼发现问题、分析问题和解决问题的实际技能。"互动式教学模式"主张课堂要留给学生足够的思考时间和空间，教师教学设计要有创新意识，通过学生的动手实践、动口交流、动脑思考等方式培养学生的创造性思维。要改变教师"一言堂"，还需要师生思维共振，教师不断提高"答"的能力，善于借机引申、因势利导、循循善诱，如古代汉语的异体字教学，这是造成古书难读的重要原因之一，古书用字情况极其复杂，同一个词常用不止一个字形来记录它。古书中读音和意义完全相同，形体不同的字，就是异体字的关系。有些字部分义项通用，还有一些义项不通用，它们不是异体字的关系，有些字在某些义项方面是异体，有些义项就不是异体关系，如沽—酤、预—豫。针对这个教学难点，通过创设问题情境，引发认知冲突，引导学生关注阅读过程中汉字"形""音""义"三者间的复杂关系，根据学生自身专业学习经验和教师提供的资料进行讨论，使学生展开丰富的想象，这些古书用字之间又有何联系呢？此时变教为诱，变学为思，引导学生争取找到答案。实践证明，"问、答"将教与学互联、互动，既锻炼了学生的思维能力、表达能力，又及时反馈了教学效果，在课堂教学中具有不可替代的作用。

3. 技能层面的师生互动

1. 模拟古代文言文对话，活化语言应用能力

在课堂上，教师可设计古代情境模拟活动，与学生进行文言文的现场对话，如模仿古代市井交易、宫廷礼仪对话等。通过角色扮演，学生不仅能够亲身体验古代汉语的交际情境，还能在实践中锻炼文言文的实际应用能力，提升语言表达的准确性和流畅度。利用新媒体技术，如语音识别软件记录对话，随后集体回放分析，从发音、语法、语调等方面进行细致指导，增强教学互动的针对性和实效性。

2. 在线批注与修订，提升文本解读与写作技巧

借助网络平台的协同编辑功能，教师布置古代文献的阅读与批注作业，学生在线提交个人解读的同时，可查看并评论他人的批注，形成多维度的文本分析。教师实时监控批注过程，对关键点进行在线讲解，引导学生深入理解文意。在写作练习中，利用在线文档的修订模式，教师直接在学生作文中插入修改意见与建议，学生则能看到修改过程，理解修改缘由，促进写作技能的精细化提升。这种即时反馈与互动，加强了师生间关于文本解读与写作技巧的深度交流，优化了学习效果。

4. 人格层面的师生互动

（1）个性化学习路径设计

结合学生的学习习惯、兴趣偏好及能力水平，运用大数据分析和人工智能技术为每位学生量身定制学习内容和进度。平台能够根据学生的学习表现动态调整学习资源，确保每个学生都能在适合自己的节奏下深入学习古代汉语，同时鼓励学生探索符合个人兴趣的古代文学、历史分支，从而增强学习动力。

（2）情感共鸣与角色模拟

①情感共鸣教学视频

制作一系列微课视频，内容不仅涵盖古代汉语知识，还融入教师对古代文人墨客生平、思想情感的深刻理解与个人感悟。教师以第一人称讲述，力求与学生在情感上产生共鸣，使学生能从人性化的视角理解古代文献背后的故事与情感，提升学习的投入度和同理心。

②角色扮演互动

组织线上或线下角色扮演游戏,让学生扮演古代文人士大夫、诗人、史官等角色,通过模拟古代社会生活场景、辩论会、书信往来等形式,亲身体验并表达那个时代人物的思想情感和语言风格。这种沉浸式学习不仅能加深学生对古代汉语的理解和运用,还能促进学生对古代社会文化的全面认知。

(3) 价值观引导与人文关怀

①价值观念的探讨与塑造

在教学过程中融入古代经典中蕴含的哲学思想、道德观念和社会伦理,组织专题讨论或论文写作,引导学生思考如何将古代智慧应用于现代生活,批判性地分析传统文化与当代价值观的异同。通过这些活动,促进学生形成跨时空的价值观对话,培养其批判性思维与人文素养。

②个性化反馈与心理支持

利用新媒体工具(如即时通讯软件、学习管理系统)提供及时、个性化的学习反馈,关注学生的学习进展和心理状态。教师应成为学生的倾听者和支持者,鼓励开放交流,适时给予鼓励和建议,帮助学生克服学习障碍,建立积极向上的心态,促进其全面发展。

5. 氛围层面的师生互动

课堂教学气氛影响着教学效果,具有认知和情感特征。教师要成为良好互动环节和氛围的创造者,让学生成为与教师平等互动的主体。教学中要做到宽与严、张与弛的有机统一,这种课堂气氛可以使教师的主导性和学生的主体性得到和谐统一。师生双方课堂上充满热情,教与学态度端正,教学目标明确,这种稳定的群体心理状态有助于积极的课堂气氛形成。这样的课堂,学生求知欲强,注意力集中,课堂组织活动秩序井然,良性的教学循环促进学生"愉悦"的学习体验,师生间情感可以得到充分交流。以古代汉语音韵教学为例,这部分为教学难点,极易形成过分严肃的、消极的课堂气氛对教学极为不利,因此,建立和谐的师生关系是优化课堂气氛的首要条件之一。其次,教师要不断塑造人格魅力,储备扎实的专业知识水平,使学生"亲"师、"信"师。当然音韵学的教学极易形成过分严肃的课堂气氛,教师要精心设计整个教学过程,确保愉悦和紧张、严肃和活泼的课堂气氛。教师可以引导学生以现代汉语语音系统为学习古代语音的参照，从了解自身方言音系开始理解古汉语语音，用汉语方言中存古语音现象为引证消除对古汉语语音的隔膜，用古代诗词曲韵的特点激活古汉语古音教学。教师要对学生的见解给予积极评价、分析和指导，根据学生的反馈调整教学内容和进度，也可以从学生的回答中得到一定的启发，促使学生保持良好的反映和高涨的学习热情。

对于高校古代汉语课程教学方法、教学模式的探索，一直以来人们的注意力往往集中于"教"的一方。随着时代进步、社会发展，实际上，还需要从教与学的互动关系方面来考虑。学生是教学交流的主体，在学校和教师、同学交往，在社会各领域中与伙伴等社会关系承担者交往，因而乐于交往与表达，促进自己社会化的健康发展应当作为教育的重要目标。

"互动"式教学的关键在于为学生提供参与、表达的机会。这对传统的教学方式都提出了新的挑战。从学生方面来说，需要尽快改变上课就是"听课"的心态，将参与、自我表达作为学习的必要组成部分。从教师方面来说，面对以能力培养为主的教育理念，需要重新审视"下课铃声响起，教师刚好讲完最后一句话"的课堂模式，将课堂授课与安排学生进行上课准备、课堂提问、小组讨论、组际交流等方式有机地结合起来。为此，利用各种方法引导学生积极参与，培养学生有准备才能有参与的习惯意义重大。从教学评价机制来看，不能仅从教的角度评价教学质量，将"互动"性教学效果引入教学评价体系势在必行。古代汉语互动式教学正是通过设置问题情境、发现问题与解决问题来促进知识的迁移，同时让学生从积极的课堂氛围中体验成功的喜悦，在优秀教师人格的熏陶下感受学习的乐趣，从而促进兴趣态度的迁移。"互动式教学模式"中教师要遵循反馈性原则，及时了解学生学习和实践情况，做到及时反馈，使课堂教学更具针对性。根据以往的教学实践，互动式教学模式充分考虑了学生表现欲的特点及时生动、活泼和强烈的好奇心，能极大地调动学生的主动性、积极性，激发学生的学习兴趣，有效提高学生的技能、素质、潜能，是一种行之有效的教学方法。

五、新媒体在对外汉语教学中的应用

大众传媒的时代正逐渐逝去，个性化的、参与式的新媒体时代正在来临，这深刻改变着整个传媒业以及我们生存的社会。当今时代，建立在计算机信息处理技术基础之上、依托于数字化网络互动传播的新媒体，正全面进入对外汉语课程教学的各个环节，并有深入发展的趋势。新媒体主要以电脑、移动通讯设备、数字化电视等为终端，通过搭建网络平台、运用即时通讯软件等方式向用户提供最新资讯与互动空间，移动性、即时性、互动性是其显著特征。新媒体在对外汉语课程教学中的运用，有助于优化教育资源，厘清教学体系，树立教学新规范。尽管当前还存在诸多问题，但从发展前景来看，这将是对外汉语课程教育革新模式发展的必然趋势。

（一）对外汉语课程教学中新媒体应用的三大优势

1. 新媒体延伸了对外汉语教学课堂

（1）构建无界学习圈，促进全球互联

新媒体技术的嵌入，使对外汉语教学跨越国界，形成全球互联的学习生态。通过在线课程平台、社交媒体和移动应用，来自世界各地的学习者得以相聚在同一虚拟课堂，共同学习与交流。这种无界的教学模式不仅消除了地理障碍，还促进了不同文化背景下的思想碰撞，为汉语学习增添了多元视角和深度。

（2）互动体验与情境化沉浸学习

新媒体技术通过高互动性和沉浸式的体验，重塑了语言学习过程。利用360°全景视频、虚拟现实技术，学习者仿佛置身于中国的真实场景中，如市场购物、参加传统节日庆典，使语言学习不再是孤立的听与说，而是全感官的体验与实践。此外，实时在线互动工具如直播问答、小组讨论，增强了学习的即时互动性，使反馈和指导更加及时有效。

（3）数据驱动的个性化教育资源定制

新媒体平台集成的大数据分析能力，为对外汉语教学提供了个性化的学习解决方案。通过追踪学习行为、分析学习偏好和成效，系统智能推荐个性化的学习资源，如定制化的习题集、个性化阅读材料、适合学习者水平的视频课程等。这种个性化教学策略确保每位学习者都能在最适合自己的路径上高效前进，提升学习成效，同时也鼓励了自主学习和终身学习的习惯。

2. 新媒体强化了对外汉语教学的情景性

（1）虚拟现实技术与文化沉浸式体验

新媒体技术，尤其是虚拟现实（VR）和增强现实（AR）的融入，为对外汉语教学提供了前所未有的沉浸式文化体验。学习者可以通过 VR 头盔进入模拟的古代街巷、宫殿、茶馆等场景，亲身经历汉语使用的真实语境，不仅学习语言本身，还能深刻理解其背后的文化意义和情境适用性。这种体验超越了传统教科书的二维描述，让学习者在互动参与中自然习得语言知识，加深记忆。

（2）数字故事叙述与情境化学习资源

新媒体平台支持的数字故事叙述方式，如交互式电子书、动态漫画、视频短片等，为汉语学习者构建了丰富的故事情境。这些资源往往结合视觉、听觉、文字，甚至触控互动，创造出生动的叙事场景，使学习者在跟随故事情节发展的过程中，自然而然地学习和使用汉语词汇、语法和表达方式。这种情境化学习加深了语言与实际使用的关联，提升了学习的趣味性和实用性。

（3）在线角色扮演与互动社区的实践机会

新媒体平台还促成了各种在线角色扮演活动和虚拟社区的形成，为学习者提供了模拟实际沟通交流的机会。例如，通过社交媒体群组、论坛或特定的在线游戏，学习者可以扮演不同的社会角色进行对话交流，如在模拟的餐厅点餐、市场购物、参与中国传统节日庆祝等情境中实践汉语。这种互动不仅锻炼了语言技能，还促进了跨文化交流，使学习者在理解与应用中增强对汉语情境的敏感度和适应能力。

3. 新媒体保证了对外汉语教学的时代性

（1）实时更新的教学内容与时代热点结合

新媒体平台能够迅速整合并传播最新信息与时代热点，使得对外汉语教学内容能够与时俱进。教师可以利用微博、微信公众号、新闻 App 等渠道，选取与汉语学习相关的最新资讯、流行词汇、网络用语等作为教学素材，确保学生接触到的是鲜活、实用的语言知识。这不仅丰富了课程内容，还帮助学习者更好地理解和融入当代中国的社会文化环境，提升其语言的实际运用能力。

（2）利用大数据分析优化个性化教学方案

新媒体技术，特别是大数据和机器学习算法的应用，能够分析学习者的行为模式、学习偏好及进步情况，从而为每位学生量身定制教学内容和进度。教育平台通过跟踪记录学生的练习、测试结果，智能推荐适合其水平的学习资源和练习，确保教学既符合个体需求又紧跟时代步伐。这种精准教学策略极大提高了教学效率和学习成效，确保每位学习者都能在最适合自己的路径上掌握现代汉语。

（3）促进全球教育资源共享与合作交流

新媒体打破了地理界限，使得优质汉语教学资源得以在全球范围内快速传播与共享。国际性的在线课程（MOOCs）、远程协作项目、云端资源共享平台等，为世界各地的学习者提供了接触最前沿汉语研究成果和教学方法的机会。同时，新媒体也促进了国内外教育机构之间的合作，通过联合开发课程、举办线上国际研讨会等方式，共同探讨汉语教学的新趋势、新挑战，确保教学内容与方法始终与国际教育发展保持同步，体现了对外汉语教学的开放性与时代感。

（二）对外汉语课程教学中新媒体运用前景分析

在信息化建设高速扩张的时代，对外汉语课程教学中运用新媒体是历史的必然选择，也是学科建设的必要革新。但新媒体运用必须要注意三个方面：

第一，必须保证交互性。在有效的教学过程中，教师与学生、学生与学生之间必须有充足的交流空间和有效的交流工具。作为对外汉语教学机构，不应仅仅停留在学生自发使用新媒体的层面，应该组织教师，重新分配教学资源，从课程学习的角度设计教学资源，建设能满足新媒体获取需求的学习平台和资源库，从而合理地、有效地、深入地将新媒体应用渗透在课堂教学与课后自主学习之中，保证课堂交际活动的友好互动与参与积极性。

第二，与课堂教学相结合。新媒体的运用会给对外汉语课堂教学带来大量的信息，但同时也造成了信息甄别的难题。很多网络信息与课程内容相关性不大，不加遴选地出现在课堂教学中，必然会导致学生注意力分散。同时，实验表明，相对于传统的文本信息，网络媒体信息耗费的阅读时间明显更多。丰富的视觉媒体容易造成视觉疲劳，消耗更多的学习时间，通过屏幕阅读通常要比书面阅读速度慢 30% 左右。

第三，师生必须都熟练新媒体的操作。新媒体的运用能否真正促进对外汉语教学，教师和学生的熟练操作是必要前提。目前大多数对外汉语教师都成长于传统的面授教学机制，也习惯了运用传统的方法教授学生。如何从观念和技术角度解决教师的新媒体操作问题，使其成为学生学习的辅导者和引导者，是必须首先解决的问题。同时，如何引导学生熟练运用新媒体获取学习材料、即时表达学习诉求，也是课程教学中的难点所在。

事实证明，新媒体的运用是推动对外汉语课程教学的有效途径。但要真正实现对外汉语课程教学中新媒体的合理运用，需要考虑和完善的实际问题还很多。如何发挥新媒体的积极因素，全面促进对外汉语课程教学的发展，这将是一个值得学界深思的问题。

六、新媒体下移动学习在汉语国际教育中的应用

（一）新媒体移动学习在汉语国际教育中的优势

1. 提升学习灵活性与便捷性，适应多元化学习需求

新媒体移动学习充分利用智能手机、平板电脑等移动设备的便携性，使得汉语学习不再受地点限制，无论是通勤路上、家中休息还是等待间隙，学习者都能随时接入学习资源。这种"口袋里的课堂"模式适应了现代快节奏生活，满足了不同年龄、职业背景学习者的个性化学习需求。同时，多样化的学习应用如移动应用程序、短视频教程、在线直播等，以丰富形式呈现教学内容，增加了学习的趣味性和吸引力，使汉语学习变得轻松便捷。

2. 强化交互性与社区参与，促进跨文化理解

新媒体移动学习平台通过社交媒体、在线论坛、即时通讯工具等集成的互动功能，构建起全球汉语学习者的互动社区。学习者不仅可以与教师实时沟通提问，还能与世界各地的同好进行交流，分享学习心得，参与跨文化讨论，这种全球视角的互动不仅加深了语言学习，还促进了对中华文化的深入理解和国际友谊。此外，利用虚拟团队合作项目、在线语言交换等形式，增强实践交流，提高

了跨文化沟通能力，使汉语学习成为连接世界的桥梁。

3. 数据驱动个性化教学，优化学习成效

新媒体移动学习平台利用大数据分析与人工智能技术，对学习者行为进行深度分析，为每位学习者提供个性化学习路径。通过分析学习者的学习习惯、进步速度、弱项强项，智能推荐适合的课程、练习和学习资源，实现精准教学。这种个性化学习方案提升了学习效率，帮助学习者在最短时间内取得最大进步。同时，学习反馈机制及时，通过数据分析可视化，让学习者清晰了解自身进步与不足，增强了学习动力，确保了学习的持续性和成效的最优化。

（二）新媒体下移动学习在汉语国际教育中的应用

1. 在汉语国际教育方面，新媒体下的移动学习主要应用领域

（1）翻译

1）即时翻译工具的智能化应用

移动学习平台集成的即时翻译应用，如 AI 翻译软件，为汉语学习者提供了便捷的实时翻译服务。用户只需输入或口述目标文本，即可迅速获得准确的汉英互译结果，甚至其他多种语言版本。这种即时翻译工具的智能化不仅助力学习者跨越语言障碍，快速理解汉语内容，还促进了学习过程中的自我反馈，帮助学习者自行检查翻译的准确度，提升语言转换能力。

2）情境对话模拟与实战演练

利用新媒体技术，开发模拟真实交流场景的翻译练习应用，如餐厅点餐、旅游咨询、商务洽谈等，学习者通过角色扮演，与虚拟人物进行汉语对话，应用即时翻译功能辅助交流。这种模拟实战演练加深了对语言环境的理解，锻炼了实际翻译能力，特别是在口语交流中的反应速度和准确度，为国际交流打下坚实基础。

3）社区互助翻译与反馈平台

建立基于新媒体的翻译学习社区，鼓励学习者互相帮助，上传需要翻译的文本、视频字幕或文章，社区成员提供翻译版本并进行互评。教师或高级学习者也可参与其中，给出专业指导。这种协作学习模式促进了翻译技能的相互学习与提

升,同时,通过反馈循环机制,学习者能了解自己翻译的优缺点,不断修正进步,形成了积极的社群学习氛围。

(2)社交平台

1)语言交换伙伴匹配

利用新媒体社交平台的算法,学习者可以便捷地找到合适的语言交换伙伴,如母语为汉语的学习者与母语为英语或其他语言的学习者配对。双方通过文字、语音消息、视频聊天等方式,进行日常对话练习,互教互学。这种直接的语言实践不仅提升了语言技能,还促进了文化理解和国际友谊,为学习者提供了真实、动态的交流环境。

2)文化分享与互动社群建设

新媒体社交平台上建立了众多围绕汉语学习与中华文化为主题的社群,如微信群、Facebook 小组、Reddit 板块等。这些社群定期发布汉语学习资源、文化习俗介绍、节日庆祝活动等,鼓励成员分享学习心得、提问讨论。通过参与社群活动,学习者能在轻松的氛围中增进对汉语文化的认识,同时通过互动加深语言印象,形成积极向上的学习共同体。

3)在线语言挑战与竞赛

利用社交平台的广泛传播力,组织各类在线汉语学习挑战赛和竞赛,如"每日一句"打卡、短文写作比赛、口语演讲挑战等。参赛者上传视频、音频或文字作品,吸引关注和投票,优秀作品可获得平台展示机会或物质奖励。此类活动激发了学习者的参与热情,通过公开表演和反馈机制增强语言输出的勇气和信心,同时提高了学习的趣味性和参与度,形成积极的竞技与学习氛围。

(3)学习软件

学习软件主要包含两类:一类是之前提到的翻译软件;另一类是汉语学习的各种 App。翻译软件发展至今,已经超越了仅仅作翻译使用的功能。以汉拼为例,这款翻译软件除了可以为用户提供及时的翻译之外,也具有分类学习的功能。它将学习分成三类,第一类是常用汉字学习,第二类是 HSK 词汇学习,第三类是汉语成语学习。因此,学习者可以根据自身需求,从字、词、成语这三方面进行有针对性的学习。另一类学习软件,就是现如今大量涌现的各种汉语学习

App。工具类的学习软件大都是由传统的翻译软件发展而来，具有翻译和学习两种功能。技能类软件在设计的时候主要按照语言的听、说、读、写四种技能进行分类，其提供的学习方式多具有趣味性和娱乐性，比如说汉字拼读游戏。此外，也有将语言要素进行综合的学习软件，如 Chinese Skill。这款 App 涵盖了汉字、拼音、生词、句子等方面的学习。另一个大的类别就是语言文化类的 App。这类 App 多将语言与文化结合在一起，试图以语言为媒介，传递更深层次的文化信息。比如中国国际广播电台根据高等教育出版社的同名读物制作的"你好，中国"就主要围绕 100 个代表中国传统文化精髓的词汇展开，比如孔子、指南针等，该软件以精良的视频方式呈现，并配以多种媒介语言，让学习者在学习汉语词汇的同时，了解到这些常用汉语词汇的文化背景，从而加深对中国文化的理解。此外，某些提供有声读物的 App，将图片、汉字、拼音结合起来，并通过同步朗读的方式，使故事原始的视觉信息转变为了视觉和听觉相结合的信息，从更多维的角度刺激学习者的学习，使学习者在听故事的过程中学习汉语并了解到中国传统文化。Pinyin News 的新闻更新率比较快，用户可掌握最新的新闻资讯，并且新闻皆注有拼音，更便于学习者的阅读理解。研究表明，初级汉语学习者在各类 App 的使用数量上都占有较大比重，内容涉及听说读写各个方面。随着学习的进步，汉语学习者对 App 的使用率开始降低，并且 App 的内容也越倾向于单一化。总的来说，汉语学习的 App 软件内容丰富，形式多样，但是质量却良莠不齐，同质化程度偏高。因此，如果学习者没有仔细甄别，难以保证持续、科学、有效的学习。

（4）网站

1）开放式课程资源库与在线学院

众多高等教育机构和专业语言学习网站纷纷推出移动优化版网页或响应式设计，为国际汉语学习者提供海量的开放式课程资源。这些资源包括免费视频讲座、在线直播课程、录播教程、互动练习及测试等，覆盖从初级到高级的汉语学习需求。学习者可以根据自己的进度自由选择课程，随时随地进行系统性学习，甚至获取认证证书，为职业生涯增添光彩。

2）在线汉语文化体验平台

专门设计的汉语文化体验网站通过移动友好界面，为国际学生提供了一个深入了解中国文化的窗口。内容不仅限于语言学习，还涵盖了传统节日、民间艺术、饮食文化、历史遗迹等多个维度，采用图文、视频、360°全景图等多媒体形式，使学习者仿佛身临其境。此外，部分平台还设有在线工作坊、直播体验活动，邀请专家进行实时互动，增强学习的参与感与沉浸感。

3）移动友好的语言学习社区与资源聚合

一些网站集成了强大的社交与学习资源聚合功能，成为国际汉语学习者的汇聚地。这些平台不仅提供学习资料分享、学习计划定制、进度跟踪等实用工具，还鼓励用户创建学习小组，进行互助答疑、经验交流。移动优先的设计理念确保学习者在任何设备上都能顺畅访问，利用碎片时间参与讨论、分享学习成果，形成积极向上的学习氛围。网站还会定期汇总推荐最佳学习资源、热门话题讨论，帮助学习者高效筛选信息，紧跟学习趋势。

2. 混合学习

综合上述新媒体汉语移动学习的主要应用领域，可以看出，新媒体的出现和技术上的不断成熟，让移动学习的效率和效果都日益提高，各种学习软件的开发可以让学习者更有针对性地进行独立学习，其娱乐性、趣味性、开放性、实用性都是传统教学模式难以企及的，一方面这可以有效地缓解目前日益严重的"三教"问题，缓解教师不足、教材陈旧、教学方法单一等诸多缺点。但是我们也应该看到，目前新媒体的各种技术尚未成熟到完全的人工智能化，学习者如需系统、严密地学习，依旧离不开教师的指导。因此"互联网+"的学习模式仍将是今后很长一段时间内最值得推行的学习方式。"互联网+"的学习模式说到底是一种混合学习（Blended Learning）的模式。混合学习理论是随着互联网的兴起而提出的，混合式学习的核心是在"合适的"时间为"合适的"人采用"合适的"学习技术和适应"合适的"学习风格而传递"合适的"技能来优化与学习目标对应的学业成就。也就是说，混合学习理论最核心的就是运用以互联网为依托的技术手段，并辅以合适的教学和学习方法，从而实现特定内容的高效学习。这种模式可以将传统学习和以网络为主要媒介的新媒体学习有效地融合起来，使二者扬长避短，让汉语学习的数量和质量都得到更有效的提升和保障。

（三）新媒体下的移动学习对汉语国际教育工作者的启迪

首先，汉语国际教师应该对新媒体移动学习的主要应用领域有所了解，对主流学习平台和 App 的优缺点应该了然于心。在此基础上将新媒体的学习与学生课堂学习结合起来，使新媒体提供的移动学习方式成为课堂教学的有益补充。其次，汉语国际教师可以自主地整合汉语学习资源，对纷繁的学习资源按照学习者的情况进行进一步的分类与筛选，并适时给与学生引导，这可以使学习者在教师的指引下更有条不紊地进行学习。再次，由于新媒体的出现，学习者的自主性更强，教师应该积极调整自己的角色，尊重学生的自我探索过程，同时督促学生的学习进度。此外，教师还应该及时纠正学生在各种网络平台上学习到的不规范语言，比如不规范的写法、任意改动的成语、俗语等，教师皆应该向学生指明并纠正。

综上所述，我国汉语国际教育的开展中仍旧存在一定的问题，需要教育工作者进行教学方式的创新。通过分析可知，新媒体移动学习非常适用于汉语国际教育，值得推广应用。在应用新媒体进行汉语学习时，要求汉语教师进行相应的引导，确保新媒体移动学习的作用得到充分的发挥，提高汉语学习者的汉语水平，促进中国文化的传播。

第八章 基于多媒体的对外汉语课程教学

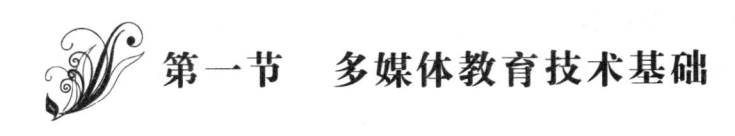

第一节 多媒体教育技术基础

一、多媒体的概念

多媒体（Multimedia）是多种媒体的综合，通常包括文本、声音和图像等多种媒体形式。在计算机系统中，多媒体指组合两种或两种以上媒体的一种人机交互式信息交流和传播媒体。使用的媒体包括文字、图片、照片、声音、动画和影片，以及程式所提供的互动功能。

多媒体是超媒体（Hypermedia）系统中的一个子集，而超媒体系统是使用超链接（Hyperlink）构筑的全球信息系统，全球信息系统是因特网上使用 TCP/IP 协议和 UDP/IP 协议的应用系统。二维的多媒体网页使用 HTML、XML 等语言编写，三维的多媒体网页使用 VRML 等语言编写。

ITU-TI.374 将日常生活中媒体的第一个涵义定义为感觉媒体，第二个涵义定义为存储媒体。此外，国际电信联盟电信标准部（ITU-TSS）对多媒体进行了定义，并制定了 ITU-TI.374 建议。在 ITU-TI.374 议中，把多媒体分为以下五大类：

（一）感觉媒体

1. 感官信息的数字化编码与解码

感觉媒体作为多媒体技术的根基，涵盖了所有能够直接刺激人类感官的信息形态，如视觉、听觉，甚至是嗅觉信息。在数字化时代，这些信息被转换成计算机能够识别的数字格式，通过特定的编码算法压缩、存储，并在需要时解码回原始感官可识别的形式。这一转换过程不仅要求高度的保真度以维持信息的原始感官体验，还促进了信息的标准化与全球范围内的无障碍传播，为多媒体内容的多样化创作和分享提供了技术支撑。

2. 多模态信息整合与感官协同效应

在高级多媒体应用中，单一感觉媒体的界限被打破，转而强调多感官信息的整合与协同。通过将视觉、听觉等多种感觉信息巧妙结合，创造出比单一媒体更丰富、更具吸引力的用户体验。例如，视频会议系统不仅传送画面和声音，还可能结合实时字幕、图表注释等辅助信息，以增强信息的传达效率和接收者的理解深度。这种整合不仅丰富了信息的表现力，也促进了更高效、多维度的信息处理和记忆留存。

3. 感官体验的个性化与适应性创新

针对个体感官感知差异与偏好，多媒体技术正逐步迈向体验的个性化定制。利用人工智能与机器学习技术，系统能够分析用户的行为模式、偏好乃至生物反馈，动态调整媒体内容的呈现方式，如自动调节屏幕亮度以适应周围光线，或根据听力测试结果调整音频输出。这种个性化服务不仅提升了用户体验的舒适度与满意度，也体现了技术进步对人性化关怀的深入理解，推动了多媒体应用向更加智能、体贴的方向发展。

（二）显示媒体

1. 物理显示技术的演进与革新

显示媒体作为多媒体体系中直观展现信息的核心环节，其技术演进深刻影响着人机交互的质量与深度。从早期的阴极射线管（CRT）显示器到现今普遍采用的液晶显示（LCD）、有机发光二极管（OLED）以及量子点技术，每一次技术飞跃都是对色彩还原度、对比度、响应速度及能效比的全面优化。特别是微显示技术如硅基液晶（LCoS）和数字光处理（DLP）的发展，不仅推动了高清投影与微型投影设备的小型化、便携化进程，更为专业领域如医疗成像、航空航天模拟提供了高精度的视觉解决方案。

2. 高动态范围（HDR）与广色域技术的融合应用

近年来，随着对视觉体验追求的不断提升，高动态范围（HDR）技术与广色域（WCG）标准逐渐成为显示领域的关键技术。HDR 通过扩展图像的亮度范围和色彩深度，使得亮部更明亮而不失细节，暗部更深沉而富有层次，实现了前所未有的视觉冲击力和真实感。同时，广色域技术的应用进一步拓宽了色谱范围，能够准确再现自然界中难以捕捉的色彩，为影视制作、设计行业带来革命性的视觉表达能力。二者的结合，为用户提供了一个更接近人眼观察世界的真实视界，深化了多媒体内容的沉浸式体验。

3. 智能显示与环境自适应技术的前沿探索

展望未来，显示技术正向着智能化、情境感知的方向快速发展。智能显示设备通过集成传感器、算法处理单元，能够根据环境光线强度、观看角度甚至用户的生理状态（如瞳孔直径变化反映的视觉舒适度），动态调整显示参数，确保始终如一的视觉舒适性和最佳的观看效果。此外，柔性显示、透明显示等新兴技术的突破，预示着显示媒介将超越传统物理形态限制，融入各种生活场景与物体表面，开启人机交互的新纪元。这不仅要求技术上的持续创新，还呼唤跨学科合作，以实现显示技术与材料科学、人工智能、心理学等领域的深度融合。

（三）表示媒体

表示媒体负责将原始的感官信息通过特定的格式和编码方式进行结构化处理，使之能够被计算机系统识别、处理和传输。这一过程涉及数据压缩、编码标准和文件格式的选用，是信息从物理层面向数字层面上转化的桥梁。例如，JPEG、PNG 等图像格式用于压缩和存储图像数据，而 MP3、AAC 则是音频数据的常见编码方式，这些格式的选择需基于对信息保真度、文件大小和兼容性的综合考量。表示媒体的优化，不仅关乎数据存储与传输效率，也直接影响到最终用户体验的质量与内容的可用性，体现了技术与艺术的紧密融合。

（四）存储媒体

存储媒体其类型多样，从传统的磁带、光盘（CD、DVD）到现代的固态硬盘（SSD）、云存储，每种介质都有其独特的性能特点与应用场景。选择合适的存储媒体，需权衡存储容量、读写速度、数据持久性及成本效益。例如，固态硬盘以其高速读写和抗震性成为高性能计算及移动设备的理想选择，而云存储则凭借其无限扩展性和远程访问便利性，在协作办公与大数据处理领域占有一席之地。存储媒体的发展趋势，趋向于更高的存储密度、更快的访问速度与更可靠的存储解决方案，以适应多媒体内容爆炸性增长的存储与即时访问需求。此外，环保材料与能源效率也成为新一代存储媒体研发的重要考量因素，反映了科技进步与可持续发展的并重。

（五）传输媒体（Transmission Medium）

传输媒体是指传输表示媒体的物理介质，比如电缆、光缆、电磁波等都是传输媒体。ITU-TI.374建议将感觉媒体传播存储的各种形式都定义成媒体，人类获得和传递信息的过程就是各种媒体转换的过程。以语音通信为例，甲方要将表达的意愿通过电话网传递给乙方，首先甲方将自己的思想以声音这种感觉媒体表达出来，然后通过输入显示媒体将语音转换成电磁信号，程控交换机通过量化、抽样、编码，将电磁信号转换成表示媒体。表示媒体通过传输媒体传到乙方，然后再经过相反的过程，通过输出显示媒体还原成语音这种感觉媒体。通过各种媒体的有序转换，甲方的语音传到了乙方的耳朵里，完成了信息的传递。

通常意义的多媒体一般指多种感觉媒体的组合，比如声音、图像、文字、动画等各种感觉媒体的组合。多媒体技术就是利用计算机对多种媒体进行显示表示、存储和传输的技术。其中，对多媒体的显示表示就是对多媒体的处理和加工的过程。因此，多媒体技术主要包括多媒体信息处理技术、多媒体存储技术和多媒体通信技术。

二、多媒体的基本要素

（一）文本：信息传达的基础架构

文本作为最直接和基础的多媒体要素，是语言符号的视觉表现形式，承载着传达思想、知识与情感的核心功能。在多媒体应用中，文本不仅限于纯文本信息，还涵盖了超文本、富文本等形式，通过排版设计、字体风格与颜色搭配，增强信息的表现力和可读性。随着自然语言处理技术的进展，文本分析、自动摘要和机器翻译等功能进一步拓宽了文本在多媒体交互中的作用，使得信息传播跨越语言障碍，更加智能化、个性化。

（二）图像：视觉感知的直观展现

图像作为多媒体的关键构成部分，直接作用于人的视觉感知系统，通过色彩、形状、纹理等元素传达丰富的信息和情感。高分辨率数字图像技术、HDR成像以及 RAW 格式的应用，极大提升了图像的细节表现力和动态范围，使图像内容更加逼真、细腻。图像处理技术如图像增强、识别与合成，不仅促进了摄影艺术的发展，也在医疗诊断、安全监控、虚拟试衣等领域展现出广泛的应用潜力。

（三）图形：抽象概念的可视化表达

图形区别于自然拍摄的图像，侧重于通过点、线、面等基本元素构建抽象或象征性的视觉符号，以逻辑清晰、直观易懂的方式展示信息、数据或概念模型。矢量图形因具备无限缩放不失真的特性，在图标设计、地图绘制、信息图表制作等方面尤为关键。图形设计结合计算机图形学原理，可以创造出既美观又富有信息量的作品，有效辅助教学、科学研究及商业报告的交流沟通。

（四）动画：动态叙事的艺术形式

动画作为一种时间序列上的图像序列，通过连续播放静态帧来创造运动的错觉，是多媒体内容中极具吸引力的表现手法。从传统的手绘动画到现代的三维计算机生成动画，技术的进步极大地丰富了动画的表现力和创作手段。动画不仅在影视娱乐领域占据重要地位，也是教育软件、交互式网页、游戏设计中不可或缺的元素，它能够生动形象地展示复杂过程、模拟实验场景，提升用户的参与度和学习效果。

（五）音频：声音世界的细腻描绘

音频作为多媒体的听觉维度，包括音乐、语音、环境声效等，是情感传递和情境营造的有效手段。数字化音频技术的发展，如无损压缩、环绕声技术以及先进的音频编辑软件，使得音频质量大幅提高，应用范围更加广泛。音频处理技术如噪声抑制、语音识别和合成，不仅提升了用户体验，还在智能语音助手、远程会议系统、无障碍辅助技术中发挥着核心作用，展现了声音信息处理的深度与广度。

（六）视频：综合感官体验的集成

视频是集图像、音频及有时其他多媒体元素为一体的动态表现形式，提供了最为全面和沉浸式的感官体验。高清、超高清乃至 8K 分辨率的视频技术，结合高帧率、宽色域和高动态范围等特性，推动了视频内容的品质革命。视频编码技术的进步，如 H.265/HEVC、AV1 等，实现了高质量视频的高效压缩与传输，支撑了流媒体服务、远程教育、实况直播等新兴应用的蓬勃发展。同时，视频分析与内容理解技术的进步，正逐步解锁视频内容的自动化标注、摘要生成等高级应用，深化了视频在信息传播与分析决策中的价值。

三、多媒体传统关键技术的主要内容

（一）视频音频数据压缩及解压缩技术

1. 视频编码标准与算法优化

视频数据压缩技术的核心在于高效的视频编码标准及其算法的不断演进。从早期的 MPEG-1、MPEG-2 到广泛应用于互联网视频的 H.264/AVC，直至最新一代的 H.265/HEVC 和正在研发的 H.266/VVC，这些标准通过改进的预测技术（如运动估计与补偿）、变换编码（如离散余弦变换 DCT 到更高效的变换方法）以及熵编码（如上下文自适应二进制算术编码 CABAC），实现了视频数据量的大幅度减少，同时保持了视频质量。算法优化不仅涉及空间和时间冗余的消除，还包括对复杂场景下的适应性处理，确保高压缩比的同时减少编码计算复杂度。

2. 音频编码技术与音质保留

音频数据压缩技术同样经历了显著发展，旨在减少音频文件的体积而不明显牺牲听感质量。MP3 作为曾经的流行标准，通过心理声学模型去除人耳不易察觉的音频信息，实现了高效压缩。而 AAC（高级音频编码）以及更高级的音频编码标准如 Opus、FLAC（无损音频编码）等，不仅提高了压缩效率，还增强了对不同应用场景的支持，比如低延迟通信、高保真音乐传输。这些技术通过精细的频谱分析、量化与编码策略，实现了在有限带宽下提供接近 CD 音质或无损音质的传输。

3. 联合编码与同步技术

在多媒体应用中，视频与音频数据经常需要同步处理和播放，因此联合编码技术和同步机制显得尤为重要。这包括但不限于开发多模态编码框架，利用视频和音频信号之间的相互依赖性进行联合优化，以实现整体的压缩效率提升。例如，通过视频中的唇部动作预测音频的语音内容，可以指导音频编码参数的调整，反之亦然。此外，精确的时间戳管理和缓冲策略对于确保在不同网络条件下的流畅播放体验至关重要，尤其是在实时通信和流媒体服务中，同步误差的控制直接影响到用户体验的连贯性和真实感。

（二）多媒体专用芯片技术

1. 高性能处理器架构设计

多媒体专用芯片技术的核心在于其高度优化的处理器架构，设计用于快速执行复杂的多媒体数据处理任务。这些芯片通常集成了多核 CPU、GPU（图形处理器）、DSP（数字信号处理器）以及专为视频和图像处理定制的加速器，形成异构计算系统。这种设计旨在并行处理大量多媒体数据流，确保高效编码、解码、渲染和显示。例如，视频编码加速器通过硬件实现 H.264/HEVC 等复杂算法，显著降低了能耗，提高了编码效率，而图像处理器则专注于快速的图像增强和识别任务。

2. 低功耗能效管理

随着移动设备和边缘计算的普及，多媒体芯片的低功耗设计成为关键技术指标。采用动态电压和频率调整、智能电源门控、深度休眠模式等策略，芯片能在保证性能的同时，根据负载情况调整能耗，延长电池寿命。特别是在物联网（IoT）设备和可穿戴技术中，低功耗多媒体处理能力是实现长时间自主运行的关键。此外，通过精细的热量管理，确保芯片在高负载下也能维持稳定运行，防止过热导致的性能下降或系统故障。

3. 集成与接口技术

多媒体芯片技术的另一重要方面是其广泛的集成能力和灵活的接口支持。为了适应多样化的多媒体应用需求，芯片内置了高速总线、内存控制器、多格式编解码器接口（如 MIPI、HDMI、DisplayPort），以及无线通信模块（Wi-Fi、蓝牙）。这些集成特性不仅简化了系统设计，降低了外围组件需求，还提高了数据传输速率和兼容性。同时，支持最新行业标准和协议的接口，如 USB4、Thunderbolt，确保了芯片与未来设备的互操作性，为用户提供无缝的多媒体体验。

（三）大容量信息存储技术

1. 技术迭代与介质革新

大容量信息存储技术作为多媒体应用的支柱，历经了从机械磁记录到半导体存储的革命性转变。传统硬盘驱动器（HDD）利用磁性记录技术，通过增加磁道密度、提高转速以及采用垂直记录等手段不断提升存储容量。同时，固态驱动器（SSD）凭借闪存（NAND）技术的快速发展，以更快读写速度、更低功耗和更强抗震动性能，逐渐成为高容量存储的主流。此外，相变存储（PRAM）、磁阻式 RAM（MRAM）等新型存储介质的研究，预示着未来大容量存储技术将向更高速、非易失性、低功耗方向演进。

2. 数据可靠性和安全性强化

伴随存储容量的增长，数据的可靠性和安全性成为关键技术考量。RAID 技术如奇偶校验（ECC）、错误纠正码（ECC）确保数据完整性，而高级多层 RAID 技术如分布式奇偶校验（DRaid）和冗余阵列（RAID）进一步提升容错能力，保护数据免受硬件故障影响。加密存储技术如自加密驱动器、全磁盘加密（FDE）则保障数据在静止状态下安全，防止未经授权访问。此外，云存储与分布式存储解决方案通过多地备份、数据复制策略，增强灾难恢复能力，确保多媒体内容的长期可访问性。

3. 存储管理与高效检索

高效的大容量信息存储不仅要求物理存储技术的进步，还需智能的存储管理与检索策略。内容地址技术如元数据管理、索引优化，使得多媒体资源易于分类、检索。分布式文件系统如 Hadoop HDFS、对象存储系统（S3）通过横向扩展，处理 PB 级数据存储与高速访问。智能分层存储技术按数据活跃度自动迁移冷热数据至不同层级，平衡性能与成本。同时，数据生命周期管理策略自动归档、删除陈旧数据，保持存储空间高效利用。随着 AI 与机器学习技术的融入，存储预测分析、自动优化决策成为趋势，确保多媒体存储高效、经济且适应未来需求。

（四）多媒体输入和输出技术

多媒体输入与输出技术主要包括媒体变换技术、媒体识别技术、媒体理解技术和综合技术。媒体变换技术是指改变媒体的表现形式，如当前广泛使用的视频卡、音频卡（声卡）都属媒体变换设备。

媒体识别技术是对信息进行一对一的映像过程。例如，语音识别是将语音映像为一串字、词或句子；触摸屏是根据触摸屏上的位置识别其操作要求。

媒体理解技术是对信息进行更进一步的分析处理和理解信息内容，如自然语言理解、图像理解、模式识别等技术。

媒体综合技术是把低维信息表示映像成高维的模式空间的过程，例如语音合成器就可以把语音的内部表示综合为声音输出。

（五）多媒体软件技术

1. 多媒体操作系统

多媒体操作系统作为支撑多媒体应用的底层软件平台，其设计旨在高效管理计算机硬件资源，为多媒体数据的处理、展示与交互提供高度集成与优化的环境。这类操作系统不仅需要支持多任务处理、实时调度与同步控制，还要内建对多媒体设备的即插即用识别、驱动程序管理及性能优化机制。随着技术进步，现代多媒体操作系统更加强调跨平台兼容性、资源动态分配与节能策略，以适应从桌面端到移动端、嵌入式系统的广泛应用需求。例如，通过 DirectX、Core Audio 等 API，操作系统为上层应用提供了低延迟、高性能的多媒体数据处理接口，促进了多媒体软件的高效开发与运行。

2. 多媒体素材采集与制作技术

多媒体素材的采集与制作技术覆盖了从物理世界信息捕捉到数字媒体转化的全过程，涉及图像扫描、音频录制、视频捕获等多个领域。高分辨率相机、多声道录音设备与 4K/8K 视频采集卡等硬件设备与对应的软件技术相结合，确保了原始素材的高质量获取。此外，针对不同来源的素材，专门的预处理技术如噪声过滤、色彩校正、镜头畸变矫正等，对提高素材质量至关重要。随着人工智能技术的融入，自动化素材分类、智能裁剪与增强功能开始普及，不仅提升了工作效率，也为素材的多样性和创意应用提供了新的可能。

3. 多媒体编辑与创作工具

多媒体编辑与创作工具是将原始素材转化为丰富多媒体内容的关键。这些工具集成了强大的时间线编辑、特效处理、3D 建模与动画设计等功能，支持用户以直观或编程方式编辑视频、音频、图像及图形。如 Adobe Premiere Pro、Final Cut Pro 等非线性编辑软件，提供了广泛的音频视频编辑能力；而 Photoshop、Illustrator 则聚焦于图像与图形的设计与处理。现代创作工具强调易用性与协作性，支持多用户同时在线编辑、版本控制与云端存储，加速创意项目的推进。此外，模板库、插件生态系统及 AI 辅助设计功能的加入，进一步降低了创作门槛，使专业级作品的诞生更加便捷与个性化。

（六）超文本、超媒体技术

超文本是一种新颖的文本信息管理技术。它提供的方法是建立各种媒体信息之间的网状链接结构。这种结构由节点组成，没有固定的顺序，也不要求必须按某个顺序检索，与传统的线性文本结构有着很大的区别。以节点为基础的信息块容易按照人们的"联想"关系加以组织，符合人们的"联想"逻辑思维习惯。

一般把已组织成的网状的信息称为超文本，而把对其进行管理使用的系统称为超文本系统。典型的超文本系统应具有用于浏览节点、防止迷路的交互式工具，即浏览器，或称为导航图。它使超文本网络的结构图与数据中的节点和链形成一一对应的关系。导航图可以帮助用户在网络中定向和观察信息的连接。如果超文本中的节点的数据不仅可以是文本，还可以是图像、动画、音频、视频，则称为超媒体。当前，超文本和超媒体已广泛应用于多媒体信息管理中。

（七）多媒体网络技术

1. 窄带综合业务数字网（N-ISDN）

窄带综合业务数字网（Narrowband Integrated Services Digital Network，N-ISDN）作为20世纪90年代初兴起的一项关键通信技术，为多媒体信息的传输铺设了初步的数字道路。N-ISDN主要基于传统的电话线路，通过数字信号处理技术，实现了语音、数据和视频的综合传输。该系统由基群速率接口（BRI）和主群速率接口（PRI）两种接入方式构成，分别提供两个64kbps的B信道和一个16kbps的D信道（用于信令控制），以及30个64kbps的B信道加上一个64kbps的D信道。尽管相对于当代高速网络而言，N-ISDN的带宽显得较为有限，但在其时代背景下，它有效地推动了远程办公、视频会议和数据传输等多媒体应用的初步发展，为后续宽带网络技术的演进奠定了基础。

2. 数字数据网（DDN）

数字数据网（Digital Data Network，DDN）是一种基于分组交换技术，面向连接的广域网络服务，专为高带宽需求和高质量数据传输设计。与ISDN相比，DDN提供了更为灵活和可扩展的带宽配置，用户可以根据实际需求申请从64kbps至更高带宽的点对点或点对多点的连接服务。DDN网络架构通常包含网络节点机、用户环路和网络管理系统，能够保证数据传输的低时延和高稳定性，特别适合于承载视频监控、远程教育、大文件传输和企业内部的多媒体信息交换等对网络质量要求严格的业务。随着技术的进步，虽然DDN已被光纤宽带、MPLS等更先进的网络解决方案所补充甚至替代，但它在多媒体网络技术的发展史上扮演了重要角色，为后来的网络基础设施建设提供了宝贵的经验和技术借鉴。

3. ATM 技术（异步传输）

ATM 技术是一种全新的技术，是从电路交换和分组交换相互演变而来的。20 世纪 70 年代分组交换技术诞生，并应用于计算机通信领域。20 世纪 80 年代，电信科技人员开始试图将电话交换方式与分组交换方式相结合，寻找一种适用于语音和数据等综合业务的方式。多业务的综合逐渐推动了交换、传输、复用技术的融合，交换方式、传输方式和复用方式呈现出一致性，人们开始将传输、交换、复用整体称为传送模式。传统的电话网络采用同步时分方式（Synchronous Timer Division，STD），为每一个用户分配固定的周期性的时隙，用于通信连接，不论用户是否有信息传送，都占用分配的时隙。由于固定时隙的分配造成带宽的浪费，因此利用率低。有人提出在每个时隙增加标签，按需为用户分配时隙，由标签区分用户时隙。这种方法称为异步时分方式（Asynchronous Timer Division，ATD）。分组交换方式能够提供变比特率、随机时延、有纠错能力的信息传送能力，但不适应于语音传输，分组处理复杂，传送速率不高。有人提出通过固定分组的长度来减少信息传送过程中的时延和抖动，加快分组处理速率，满足语音在分组方式的传送，这种方式称为快速分组交换（Fast Packet Switching，FPS）。

异步传输是数据传输的一种方式。由于数据一般是一位接一位串行传输的，例如在传送一串字符信息时，每个字符代码由 7 位二进制位组成。异步传输时，在传送每个数据字符之前，先发送一个叫做开始位的二进制位。当接收端收到这一信号时，就知道相继送来 7 位二进制位是一个字符数据。在这以后，接着再给出 1 位或 2 位二进制位，称做结束位。接收端收到结束位后，表示一个数据字符传送结束。这样，在异步传输时，每个字符是分别同步的，即字符中的每个二进制位是同步的，但字符与字符之间的间隙长度是不固定的。

4. XDSL 技术

随着互联网和视频点播（VOD）、实时远程会议、远程教学等业务的迅猛发展，对数据传输带宽的需求迅速增加，原先通过电话网拨号接入的几十 Kbps 的带宽成为业务需求发展的瓶颈。如何利用现有的铜缆接入网（即电话线）提供宽带接入成为电信运营商目前急于解决的问题。近年来，人们提出 XDSL 技术作为双绞线铜缆接入宽带的主要手段。

以双绞线铜缆（即电话线）为传输介质来提供双向传输能力的一系列传输技术通称为数字用户线（DSL）技术。数字用户线（DSL）技术最早是由美国贝尔通信实验室为视频点播（VOD）业务开发的在双绞线上实现高速数据传输的技术，但是由于当时 VOD 业务未能推广使用，DSL 技术被束之高阁。随着对接入网带宽的需求，基于双绞线的 DSL 技术重新焕发出生命力。

根据从用户到电信局（称为上行）的速率和从电信局到用户（称为下行）的速率是否相等，DSL 技术分为对称式数字用户线路（Symmetrical DSL，SDSL）和非对称式数字用户线路（Asymmetrical DSL，ADSL），其中对称式数字用户线路包括 HDSL、SDSL，非对称式数字用户线路包括 VDSL、ADSL、UADSL、RADSL，通常统称之为 XDSL。它们的主要区别在于信号传输的距离和上、下行速率。对称式数字用户线路适用于上、下行数据量大致相当的业务，比如高速域网互联、视频会议、文件传输等。非对称数字用户线路适用于互联网高速冲浪、视频点播（VOD）等用户下行信息量比上行信息量多得多的业务。

四、多媒体技术的特点

（一）交互性

多媒体技术的交互性本质是一种深度参与和动态响应机制，它重新定义了用户与数字内容之间的关系，从单向的信息传递转变为双向或多向的沟通交流。此特性基于先进的人机界面设计、自然语言处理、人工智能算法以及高速网络通信技术，构建了一个高度灵活和个性化的互动环境。交互性不仅体现在用户能够通过直观的操作指令（如点击、触摸、语音命令等）直接操控多媒体内容，更重要的是，系统能够根据用户的偏好、历史行为和实时反馈，智能调整展示内容、节奏或路径，从而提供定制化体验。

交互性多媒体技术的应用，如智能推荐系统、虚拟助理、在线教育平台的适应性学习模块，通过分析用户数据，实现精准内容推送和个性化学习计划，显著提高了信息吸收效率和用户满意度。在商业领域，交互式广告和电子商务平台通过追踪用户互动行为、优化商品推荐，促进了销售转化。此外，交互性还极大地丰富了数字娱乐形式，如游戏中的即时决策影响剧情走向、虚拟现实旅游允许用户自主探索景点，这些都深化了用户的情感投入和沉浸感。

交互性促进了全球范围内的社会协同与文化交流。社交媒体平台、在线协作工具和远程会议系统，依托实时交互技术，打破了地理界限，使人们能够跨越时空障碍进行高效沟通、共创内容，促进了知识共享、创意碰撞和社会网络的紧密连接。因此，交互性不仅是多媒体技术的一个核心特征，更是推动信息时代社会进步、教育创新、商业转型和文化多元化的重要动力。

（二）复合性

多媒体技术的复合性是指其将多种不同类型的信息媒介——包括文本、图像、图形、音频、视频以及动画等有机整合在一起，形成一个统一且多维度的信息表达和传播系统。这种特性超越了单一媒介的局限性，通过多感官刺激，为用户创造出更加丰富、立体和生动的信息体验。复合性不仅仅是媒介类型的简单叠加，而是强调各元素间的相互关联与协同作用，通过精心设计的编排和交互逻辑，使得各种媒体形式能够优势互补、互为解释，共同服务于内容的核心表达和信息的深层次传递。

复合性多媒体作品的创作和展示，依赖于高度发达的数字处理技术和创意设计思维。从技术层面，需要高效的编码解码算法保证不同媒体数据的高效压缩与还原，以及多媒体数据库和内容管理系统支持大规模数据的组织与检索。创意设计方面，则要求开发者和艺术家具备跨领域的知识和审美敏感性，能够巧妙融合不同媒介特性，创造出既和谐统一又富有创意的表达形式。例如，在数字博物馆应用中，通过结合高清图像展示文物细节、三维模型重现历史场景、音频解说提供背景知识、虚拟现实技术让参观者"身临其境"，复合性多媒体技术使文化遗产的保护与传承变得更加生动和广泛触达。

（三）集成性

集成性技术体现在它能够将来自不同源头、具有多样表现形式的信息资源，通过计算机系统的组织与协调，形成一个结构化的、交互式的综合信息处理环境。这一特性超越了传统信息处理的单一维度，实现了对数据、硬件、软件以及网络通信资源的深度融合与优化配置。

集成性不仅仅涉及多媒体内容的物理聚合，更重要的是实现这些内容在逻辑上的无缝衔接与功能上的协同作业。这要求多媒体系统具有高度的灵活性和模块化设计，以便根据不同应用场景的需求，灵活地集成各类媒体编辑工具、播放器、存储设备、网络传输协议及用户界面等组件。例如，在一个数字化教学平台中，集成性确保了视频讲座、图文教材、在线测试、讨论论坛等多个功能模块能够被统一管理，并以直观易用的方式呈现给教师和学生，促进教育资源的有效整合与高效利用。

（四）实时性

实时性技术是对信息处理流程中每一个环节时效性的严格要求，确保数据从采集、编码、传输到解码、展示的整个链条中，都能达到近乎即时的效果。这一特性赋予了多媒体应用以鲜活的生命力，尤其在那些时效性要求极高的领域，诸如即时通讯、现场直播、远程协作平台、实时数据分析等，实时性是保证用户体验流畅与信息准确传达的基石。

实时性特征的实现，是一个系统工程，涉及多方面的技术创新与优化。首先，高效的编码与解码技术是关键，如 H.264、H.265 视频编码标准，它们在不牺牲太多质量的前提下，显著降低了数据体积，为快速传输创造了条件。其次，网络基础设施的演进，特别是 5G 网络的推广，以其超高速率和低延迟特性，为实时多媒体传输提供了坚实的通道。此外，边缘计算技术的应用，通过将数据处理推向数据源附近，极大减少了数据往返中心服务器的时间，进一步提升了响应速度。

（五）非线性

非线性不仅仅是一个技术术语，它是对内容组织和消费习惯的根本性重塑，让用户得以摆脱物理媒介的约束，自由地在信息的广阔宇宙中跳跃、探索。这一特性的实现，仰赖于高级的数据结构、算法以及高度响应的用户界面设计，它们共同作用，确保用户能够轻松穿梭于多媒体内容的各个角落，无论是回顾、前瞻还是跳转至任意感兴趣的章节，都不受任何线性顺序的限制。

非线性编辑技术的兴起，为内容创造者提供了前所未有的灵活性和创造性空间。在视频编辑、音乐制作等领域，创作者可以任意选取、剪切、拼接不同的媒体片段，自由重组故事线索，不受素材原始录制顺序的束缚，这种自由度极大地丰富了叙事手法，促进了艺术表达的多元化。同时，非线性系统通过引入时间线、层叠轨道等可视化编辑工具，使得复杂编辑任务变得直观且高效，即便是非专业用户也能快速上手，降低了创作门槛。

随着云计算、大数据分析以及人工智能算法的不断进步，非线性多媒体技术正迈向更加智能化的新阶段。系统能够根据用户的行为模式、偏好分析，动态生成个性化的信息推送序列，实现内容的智能适配与优化，为每位用户绘制独一无二的信息地图。这一进展不仅提升了用户体验的深度与广度，也为内容提供商开辟了更加精准的市场定位与服务策略，是多媒体技术未来发展的重要趋势之一。

五、多媒体教育技术的应用

（一）多媒体课件

1. 多媒体课件的概念和特点

多媒体课件是根据教学大纲的要求和教学的需要，经过严格的教学设计，并以多种媒体的表现方式和超文本结构制作而成的课程软件。多媒体课件具有以下特点。

（1）教学性

在多媒体教学软件系统中，通过多媒体信息的选择与组织、系统结构、教学程序、学习导航、问题设置、诊断评价等方式来反映教学过程和教学策略。所以在多媒体教学软件系统中，大都包含有知识讲解、举例说明、媒体演示、提问诊断、反馈评价等教学基本部分。

（2）科学性

在多媒体教学软件系统中，教学内容是用多媒体信息来表达的，各种媒体信息都必须是为了表现某一个知识点的内容，为达到某一层次的教学目标而设计、选择的。各个知识点之间应建立一定的联系，以形成具有学科特色的知识结构体系。

（3）交互性

多媒体教学软件必须具有友好的人机交互界面。交互界面是学生和计算机进行信息交换的通道，在教学软件系统中，交互界面的形式有图形菜单、图标、按钮、窗口、热键等。

（4）集成性

多媒体教学软件是由文本、图形、动画、声音、视频等多种媒体信息集成在一起，经过加工和处理所形成的教学系统。它具有多种媒体的集成性，图文声像并茂，有较强的表现力和感染力，能引起学生的学习兴趣和提高学生的学习积极性。

（5）诊断性

多媒体教学软件必须具有诊断评价、反馈强化的功能。在多媒体教学软件系统中，通常设置一些问题作为形成性练习，向学生提问并要求学生作出反应。对于学生的学习反应，多媒体教学软件应作出相应的反馈，给出评价信息。

2. 多媒体课件的类型和应用

（1）课堂演示型

课堂演示型的多媒体课件主要是应用在课堂教学中，一般由教师根据课堂教学设计、应用 Power Point 一类的课件制作工具自行编制，是课堂教学的辅助手段。这种类型的课件是将教学内容在课堂讲课时做演示，并与教师的讲授或其他教学媒体相配合。一般情况下，这种类型的课件与学生无直接交互作用。

这种类型的课件要求有大屏幕显示器或高亮度投影仪等硬件设备，开发时是以教师的教学流程为设计原则，应充分表现教师的教学思想，也要考虑课堂演示时的环境因素对演示效果的影响，选择可突出主题的屏幕显示属性。同时也要求使用课堂演示型课件的教师对课件内容有深入的了解。

(2) 操练与练习型

操练与练习型的课件主要是让学习者对学习内容进行反复操作和练习。操练是通过反复的练习和对比，形成对事实和概念等陈述性知识的记忆，如记忆英语词汇、地理名称、历史事件等。练习是通过应用知识解答问题，使学生获得程序性智力技能，如算术运算、方程求解、电路故障排除等。一般的操作与练习型课件是列出一系列的问题让学习者逐一回答。好的操作与练习型课件则可以根据学习者对问题的回答结果调整问题的难度。例如，学习者对所显示的问题回答错误，课件会把这个知识的相关前提知识的问题调出让学习者回答，当学习者掌握了这些相关知识后，课件引入学习者未熟练掌握的知识；学习者对所显示的问题如果能正确回答，则把学生引向更高层次的问题。操练与练习有助于学生把新获得的信息转化为长时记忆。

(3) 个别指导型

个别指导型课件是用计算机充当教师的角色，对学习者的学习进行个别指导，目的是向学习者呈现知识或示范技能，并指导学习者初步应用知识或技能。在个别指导型课件中，通常将教学内容分成一些较小的教学单元，每个单元只讲授一个概念或知识点。在每个教学单元的教学中，计算机先在屏幕上讲解概念、知识或技能，然后向学生提问并检查他们的掌握情况。每隔若干个教学单元或学习结束时，计算机就针对所讲的内容来提问，这相当于平时的单元复习或总复习检查。类似于一位有经验的教师，计算机会根据学生的反应，决定让学生开始新内容的学习还是返回原有的内容，学生只有达到课件所规定的成绩标准后，才能进入下一个主题的学习。

(4) 超媒体型

超媒体是一种适合学生自主学习的课件类型，正在成为多媒体课件的普遍形式，并大量应用于网络教学中。超媒体程序由许多页组成，每一项包含若干对象，如文本、图像、声音等，这些对象被链接到其他的对象或页。其中作为链接起点的对象，称为链接源（或简称为链接），作为链接终点的对象，称为链接目标。

超媒体型课件的结构与前面讨论过的课堂演示型、操作与练习型、个别指导型课件不同，各页之间不是预先确定了顺序的线性结构，而是由链接形成的非线性网状结构，学习者通过选择链接来处理信息。超媒体课件具有以下三个特征：

①信息数据库。超媒体结构能够组织和利用大量信息，需要以数据库为平台来支持课件运行。在小型课件中，也应该按照数据库的规范组织信息。

②多重导航方法。超媒体结构容易使学习者在信息浏览中迷失方向，偏离学习目标，需要用多种导航方法相互配合，构成课件的导航系统。

③多种媒体呈现信息。超媒体可以看作是"多媒体对象+超链接"，实质上是非线性结构的多媒体，同时具有丰富的表现力和强大的交互功能。

国内外比较普遍的超媒体教育产品有百科全书辞典、学科参考书、专题分析、案例研究、教育游戏、博物馆、资料集等。

（5）模拟型

模拟是用多媒体技术再现真实的或想象的系统，用于教授系统如何运作。在对模拟课件的学习中，学生有个体意义建构的活动。根据模拟的教学目的和所模拟的内容，模拟性课件可分为两大类：一类是物理模拟和过程模拟，主要用于事实、概念、命题等陈述性知识学习；另一类是程序模拟和情境模拟，主要用于智慧技能、认识策略等程序性知识的学习。

物理模拟：在屏幕上是呈现物体或现象，给学生机会去学习它。例如，让学生按照提示选择化学试剂，然后观察试剂反应的现象；让学生连接电路，观看电路的通断现象；让学生模拟城市规划、心理现象等。

过程模拟：学生多次进行模拟，每次运行开始时选择变量值，观察所发生的现象，并解释结果。加快或减慢通常不便于观察的真实过程，或是把抽象的事物变化发展过程可视化。例如，模拟生物繁殖实验，可以把自然实验中几个月的过程，在短短的几分钟内展示出来，使学生认识遗传规律；模拟人口增长对社会环境的影响、价格变化对企业生产的影响等。

程序模拟：程序模拟的目的是教授达到某个目的的活动顺序，其中包含对实际事物（物体）的模拟。学生在模拟中模仿运行或操纵模拟物体（事物）的真实过程。课件引导学生按照一定的顺序和步骤进行模拟活动。计算机对学生的任何行为，都会提供信息或反馈，这些信息或反馈是学生在真实世界中实际活动将产生的效果。例如，医疗诊断模拟、计算机操作模拟等。

情境模拟：用于培养个人或群体在不同情境中的行为和态度，而不是以学习知识和技能为目标。给学生提供假设的情境，要求学生作出反应。在大多数情境模拟中，学生都扮演其中一个角色。例如，让学生进行股市操作，或是以公司决策者的角色进行商业运作。情境模拟课件通常能给学生提供多种可选择的活动方案。

模拟能突破时间和空间的限制，提供现实生活中不能及时获得或亲身经历的经验，提高教学的安全性。例如，模拟危险的化学实验；模拟生物繁殖、人口增长、冰川运动等。模拟把学生置于时间环境中，使学生注意力集中，动机增强，关心与程序交互的过程，而不是只看结果；有利于学习迁移，模拟是在接近真实的情境中获取知识和技能，能够比较容易地把知识和技能用于解决类似的实际问题。

（6）教学游戏型

教学游戏的功能是通过给学习活动增加游戏规则来激发学生的学习动机，主要有操练与练习游戏和模拟游戏两种。游戏对改善学习环境有很大的优越性，主要是能有效地激发学习动机，增强内部动力，使学生愿意投入更多的时间和精力在学习活动中。游戏对于提高智力活动的敏捷性、竞争意识和团队精神，以及多学科知识与技能的综合应用等都有益处。

目前在中小学教学中，应用的游戏型课件大多数是操练与练习游戏，如英语单词记忆、算术速算、语文单词、地理发现等，也有少量模拟游戏，如人体器官旅行。在高校和职业培训的商务、管理类课程教学中，应用的多是模拟游戏。

在适合操练与练习和模拟型课件的教学情境中，都可以应用同样功能的游戏。此外，游戏还可以作为对学生的奖励活动，例如，提前完成规定学习任务的学生可以玩教学游戏。由于游戏有强烈的娱乐性，学生通过游戏学习时，容易偏离学习目的，认为自己是从学习中解脱出来了。对于意志力薄弱的学生来说，游戏也可能成为他们逃避学习的场所。此外，与同样功能的课件相比，游戏一般比较费时间。因此，在教学计划中，教学游戏课件比较适合穿插应用，并且应用的目的要明确，适用时机和时间都要周密考虑，权衡游戏带来的动机效果与课时利用，以及游戏的负面影响。

（7）问题解决型

问题解决是运用计算机作为工具，让学生自己去解决与实际背景接近的问题，以培养学生解决问题的能力。它是一种学生自主学习的教学策略，既可以体现客观主义的教学活动，也可以运用建构主义的学习理论，或是两者结合。问题解决主要是运用计算机软件工具和程序语言来实施的，但是也有为特定目的而设计的课件。问题解决型课件常常需要模拟实际情境，问题解决型与模拟型的区别在于，问题解决型所教的是解决问题的一般性技能与策略，而模拟型教的是关于特定内容的知识和技能。例如，"工厂"课件，让学生按照提示选择机器，并且合理地摆放起来，最后制造出产品。这一软件的目的不是让学生掌握某种机器的生产过程，而是学会正确解决问题的步骤，属于问题解决型课件。

问题解决型课件有两种类型：一种是教授具体内容领域的解决问题技能，主要用于数学中。例如，"几何假设"课件，让学生通过绘制和操作几何图形，来学习解决几何问题。另一种侧重于普遍性技能，如记忆策略、分解问题为步骤序列或预测结果等。例如，"记忆城堡"设计，来帮助学生学习记忆和按照指令操作。

3. 多媒体课件教学的优势

随着信息技术的发展，多媒体课件在学校教学中的应用越来越广泛，它以图文并茂、声像兼备的听觉、视觉效果，生动、直观、形象地把教学内容展示出来，改变了传统教学中一支粉笔、一块小黑板和一本教科书的教学方式，很大程度上改变了传统教学的教学模式，取得了良好的教学效果。多媒体课件教学具有以下优势。

（1）深化理解与记忆的多模态表达

多媒体课件通过综合运用视觉、听觉等多种感知通道，为复杂概念和抽象理论提供了多维度的阐释途径。例如，利用3D模型展示生物结构、动态图表分析物理现象的变化规律，不仅使难以直观理解的内容变得一目了然，还能够激发学生的空间想象能力和逻辑推理能力。这种多感官的参与促进了深度学习，加强了长期记忆的形成，使学习效果超越了传统教学方法的局限。

(2) 适应性学习设计促进自主探索

现代多媒体课件融入了自适应学习技术，能够根据学习者的行为和表现自动调整内容难度、呈现顺序，甚至推荐个性化的补充材料。这种"智能适应"不仅满足了不同学习风格和能力水平的需求，还鼓励学生主动探索未知领域，培养自我导向学习的能力。通过设置目标导向的任务、分支剧情的学习路径，学生能够在探索中发现兴趣所在，形成自主探究的习惯，为终身学习奠定基础。

(3) 数据分析驱动的教学效果优化

多媒体课件平台内置的学习分析工具能够收集并分析学习过程中的大量数据，包括学习时长、互动频率、测试成绩等，为教师提供了精准的教学反馈。通过对这些数据的深入挖掘，教师可以快速识别学生的学习难点、兴趣点以及潜在的提升空间，及时调整教学策略，实施差异化指导。同时，大数据分析也为课程内容的持续优化和教学方法的创新提供了科学依据，确保教学活动始终与学习成效紧密相连。

(4) 构建跨学科整合与创新思维的桥梁

多媒体课件以其灵活的集成特性，便于融合不同学科的知识与技能，促进跨学科学习。例如，结合历史事件的视频资料与地理信息系统地图，帮助学生理解历史变迁与地理环境的关系；或者在语言学习中嵌入文化背景介绍的短片，增强文化意识。这种跨学科的整合不仅拓宽了学生的知识视野，还激发了他们将各领域知识融会贯通，解决实际问题的创新能力，为培养未来社会所需的复合型人才提供了强有力的支撑。

4. 多媒体课件教学应注意的问题

多媒体课件教学和传统教学比较，优势尤为明显，但在教学实践中，也要注意以下问题。

(1) 警惕过度追求形式而忽视内容实质

在多媒体课件的设计与应用过程中，一个常见的误区是过分强调技术手段的炫目与外在表现形式，而忽视了教育内容本身的质量与教学目标的实现。诚然，丰富的视觉效果和新颖的交互设计能够吸引学生的注意力，但若缺乏与课程内容的深度整合，反而可能分散学习者的注意力，影响知识的系统理解和深度加工。

因此，教师与课件开发者应当注重内容与形式的和谐统一，确保多媒体元素服务于教学目的，强化而非削弱教学内容的核心价值。在追求技术表现的同时，坚持教育内容的科学性、逻辑性和教育性，确保学生在享受多媒体带来的乐趣同时，能够有效掌握知识，提升学习成效。

（2）明确多媒体课件应以提升教学质量为核心目标

多媒体课件的最终目的是为了优化教学过程，提升教学质量与学习效率，而非单纯的技术展示。这意味着在设计与实施多媒体教学时，必须以教育理论为基础，围绕教学目标进行，确保技术手段的运用能够解决传统教学中的问题，如提高抽象概念的理解、增强互动性、促进个性化学习等。课件的每一部分都应经过精心策划，与课程大纲紧密对应，确保其在促进学生批判性思维、问题解决能力及创新意识等方面发挥作用。此外，教师应积极学习多媒体教学法，提升自身的信息化教学能力，灵活运用多媒体课件，使之成为提升教学效果的强大工具，而非仅仅作为教学活动的附属品。在实践中持续反思与调整，确保技术真正服务于教育的本质需求，促进学生全面发展。

多媒体教学中只有恰当选择和运用多媒体辅助教学，才能发挥多媒体的图、文、声、像的优势，既培养了学生浓厚的学习兴趣，又提高了学生的思维能力，能够恰到好处地挖掘学生潜能，达到提高课堂的教学效果、提高教学质量的目的。

（二）多媒体教学系统

多媒体教学系统是指由多媒体计算机和外围设备组成的，用于进行多媒体教学的系统，它是学校开展多媒体教学的重要设施。目前学校多媒体教学系统有多媒体投影教室、多媒体网络教室、多媒体语言实验室等。

1. 多媒体投影教室

多媒体投影教室是指装配多媒体计算机、数字投影仪、音响等设备，以某种方式接入网络（广播电视网或计算机网），能实现文字、图形、图像、视频、音频、动画和课件等多种媒体的播放与控制，以及网络资源调用、转播的教学系统，目前广泛应用于课堂演播教学、培训、远程网络教学、会议报告和各种演示等方面。

多媒体投影教学系统用于课堂教学，可通过文字、图形、图像、实物、电视、录像和动画等多媒体信息的演播，来展示事实、模拟过程、创设情境，开展多种教学模式。例如，以教师讲授为主，辅以媒体演播的讲播式教学模式；运用媒体演播，提供示范，然后让学生模仿练习的示范式教学模式；运用媒体创设情境，引起学生联想，激发学生兴趣的情境式教学模式；运用媒体设疑思辨，引导学生探究的引探式教学模式；等等。

多媒体教室的主要作用是方便教师综合利用各种多媒体设备进行教学，因此，其设备的配置也是从辅助教学的角度出发，以方便教师获取教学资源、展示教学信息、组织教学活动等为目的。一般来讲，多媒体教室的设备应包括教学信息获取及输入设备、处理设备和输出设备。而且，为了便于教师操作，多媒体教室应配有中央控制系统。

2. 多媒体网络教室

多媒体网络教室是指分布在一个教室范围内的用于课堂教学的计算机局域网络。网络教室的组成比较简单，计算机数量较少时，由集线器（Hub）和双绞线连成共享式局域网。计算机数量较多的网络教室，则需要交换机或交换式 Hub 组成局部交换式的网络。

为便于存储校园网和互联网上的教学资源以及开展网上交流，网络教室可通过校园网或 ADSL 与互联网连接。在教师机和学生机上添加相应的硬件或软件，可对教室的设备进行控制和进行信息资源的传输与共享，使计算机网络的功能得以实现。多媒体网络型教室的主要功能有以下几方面：

（1）实时广播教学

教师可以将屏幕内容或讲话声音传递给全体学生、部分学生或单个学生。实时广播包括屏幕广播和声音广播。屏幕广播不仅在一定程度上发挥黑板的作用，还可以插入各种精美图片、音视频动画和图像，丰富屏幕教学的功能，提高课堂教学效果。声音广播使网络教室具有了语音室的功能。

（2）远程控制

教师可根据教学活动的实际需要，要求学生机远程执行某种命令，达到相应的控制效果。例如，对学生机进行锁定或解锁、关机或启动、全体黑屏、个别辅导等。

（3）学习监督

通过学习监督功能，教师可以在自己的机器上观看和检查网络上的全体学生、某个小组学生或个别学生的屏幕信息。这样教师不用离开自己的位置就可以了解学生的活动情况，及时进行指导或教学活动控制。

（4）实时分组

实时分组是指教师在教学过程中可以对全班学生按机号进行分组，开展学习或竞赛活动。

（5）在线交流

通过在线交流功能，师生之间、生生之间可以相互交流信息。交流的方式可以是语音交流，也可以是文本交流。

（6）电子"举手"

在教学过程中，学生如果想提问，可以随时通过自己的计算机请求发言，即所谓的"举手"。教师机上可以随时看到学生的"举手"信息，并决定是否允许学生提问。

3. 多媒体语言实验室

语言实验室又叫语言学习系统，主要用于语言教学、训练和研究。最初的语言实验室是指利用各种实验仪器进行语音分析和研究的场所；在录音机出现后，语言实验室便逐步演变为主要用于外语教学的场所；随着电子技术、多媒体计算机技术，以及现代教育思想、教学方法的发展和更新，语言实验室已通过多媒体计算机组成了具有视听功能及交互功能的多媒体系统，不仅可以用来进行语言教学，还可以用来进行计算机教学和其他专业教学。一般情况下，多媒体学习型语言实验室具有以下功能：

（1）全数字化语音传输

支持多种音频编解码格式（ADPCM、PCM、MP3等），效果达CD音质。对光盘资源、网络下载资源直接兼容，无须转换。

（2）多路音频实时广播

教师能根据学生层次任意编组，指定其收听的音频节目源（多路可选），做到因材施教；数字音频和外部模拟音频（如录音机、录像机、VCD 等）都可作为节目源使用。

（3）可视化音频点播

学生能查询并点播教学资料库中丰富的语音及文字资源，自主控制播放进度，如停止、快进、快退等，对应的文本资料都能够同步显示；有复读、跟读和书签功能；即使教师离开，学生也能自主学习。

（4）硬盘数字录音

学生机录音数据海量存储，并可添加到教学资料库长期保存；支持口语考试功能，录音答卷统一管理。

（5）语音课件编辑系统

具备教学素材和语音考题制作功能，实现音频文字同步混合播放，支持多种音频格式；教师可通过网络在线更新教学资料库。

（6）实现与校园网互联

计算机采用以太网接口、TCP/IP 协议标准，可接入校园网或将多个语音室互联，以共享网络资源。

（7）实用性强，易于操作

系统控制软件一般采用 Windows 面向对象的模块化开发技巧，系统操作简单易学，操作界面通俗易懂。

第二节 对外汉语综合课教学中多媒体课件的应用策略

一、对外汉语综合课概述

对外汉语综合课，也叫精读课，有的也叫文选课、读写课，现在大纲统称为综合课。课名在一定程度上反映一门课的课型特点，即对听、说、读、写四项技能作全面综合的训练。综合课的主要特点是综合性，它的主要任务是全面进行语言要素、文化背景知识和语用规则的教学，全面进行言语技能和言语交际技能的训练，把这几项内容综合起来进行教学。因此，吕先生所说的综合，既指语言技能的综合训练，又指言语知识、文化知识、语用规则的综合教学。

（一）综合课的教学任务

对外汉语综合课的教学首要任务是把语言知识转化为语言技能，转化为交际技能，这也是教学的总体目标和最终目的。而具体的教学任务应该放在课堂的讲授内容上，以大纲规定的需要掌握的词汇量和语法项目为教学主要内容。在学习知识的基础上教师引导学生进行大量的实践技能训练，将语言知识"内化"，最终提高学生语言能力和交际能力。综合课根据教学对象的汉语基础又分为初、中、高三级，每个阶段有每个阶段的教学任务和侧重点。初级阶段综合课主要侧重语音基础、语音操练、基本的词汇、语法教学以及基础的文化内容讲解。课文主要以对话体为主，学生练习时以对话练习为主，总体水平能满足日常交流学习的使用，准确发音，熟练掌握并运用汉语基本语法为主要特色。中级阶段综合课侧重在词汇的积累、语法点的积累和课文的理解与复述上，文化方面可以稍有些深度。学生总体水平能用汉语流利地进行交流阅读相关非专业书籍。高级阶段综合课教学强调高级生词、语法点的运用，课文的理解和复述，侧重于涉猎专业性的文化知识，学生总体水平达到无障碍的交流，且懂一些专业相关词汇，能阅读相关专业书籍。

（二）综合课的性质特点

1. 基础性

首先，综合课系统性地教授汉语基础知识，从语音入门到汉字认读写，再到词汇的积累与运用，逐步构建起学生的语言知识框架。语音教学注重标准发音的示范与模仿，确保学生能够正确掌握汉语四声的韵律美。词汇教学不仅限于孤立词语的记忆，更强调词语在实际语境中的搭配与运用，增强语言的实用性。语法教学则通过实例分析,让学生在语篇中理解并掌握汉语的句法结构,为自由表达打下坚实基础。

其次,文化知识的融入是综合课不可或缺的一部分,它不仅涉及基本的文化常识介绍,如节日、习俗、历史背景,还渗透在语言表达的细微之处,如成语故事、俗语背后的含义,这不仅丰富了学习内容,更提升了学习的趣味性,帮助学生在文化理解中深化语言学习,形成跨文化交际能力的基础。

再者,综合课作为基础阶段的学习,其目标在于培养学生的综合语言技能,包括听、说、读、写,以及初步的翻译和简单会话能力。这些基本技能的训练为学生进入更专业的听说、阅读、写作等专项课程提供了必备的基础能力,确保他们能够顺利过渡,有效应对更深层次的学习挑战。

2. 综合性

综合课讲求"语言知识+技能训练+正确运用",要全面培养和提高学生听、说、读、写四项技能,同时,它还要兼顾有关文化知识的介绍。综合课在汉语教学中的地位非常重要。它课时量最大,承担的教学任务也最重,语音、语法、汉字的各种知识都将在这个课上系统传授。

(三) 综合课的一般教学过程

1. 导入新课

这一步骤可能包括展示与即将学习主题相关的图片或视频,通过视觉元素迅速吸引学生的注意力并激发他们的联想与好奇。另一种常用策略是讲述或创设故事情境,通过故事讲述构建与新知识相关的情境,使学生在具体情境中预感受学习内容的实际应用。提问复习也是一种有效手段,教师通过提出与前次课内容相关的问题,既检查学生对旧知识的掌握情况,又自然引出新课的关联点,实现知识的无缝衔接。

2. 检查和复习

对于初级水平的学生,教师通常安排听写词语的练习,通过听录音或教师口述词语,学生书写,检验他们对词语的听辨识和书写能力。对于中高级学生,则提升难度，采用听写句子的形式，这不仅考察了他们的听力理解，还包含了语法结构和词汇运用的综合检验。此外，鼓励学生利用已学过的语言点进行造句，不仅复习了语言点，还锻炼了他们的创造性思维和语言输出能力。

3. 讲解生词

首先，使用多媒体课件展示生词，通过图片、动画或视频辅助解释词义，帮助学生直观理解词意，提高记忆效率。随后，结合板书书写，教师在黑板上清晰地写出生词，展示书写笔顺，强调汉字的结构和笔画细节。接着，教师领读，通过标准发音带领学生跟读，进行正音练习，确保每个学生都能准确掌握单词的发音。此过程中，教师还可能穿插点读个别学生，即时纠正发音，实现个性化指导，确保学习效果。

4. 讲解语法点

通常重点词语、短语、句型、句式、固定结构，可以采用语法教学词汇化的方式，即把语法现象、语法结构通过词汇的教学方式进行，以词汇教学代替语法教学或语法说明，以词汇教学带动语法教学。

5. 讲解课文

初级阶段通常以一篇课文为一个讲练单元，中、高级通常分为几个相对完整的部分。一般以朗读、串讲课文、练习课文并归纳语言点的顺序进行课文讲练。目的是通过朗读让学生理解课文内容，培养学生汉语语感；通过串讲检查学生理解课文的情况并针对重点词语、句式、语法难点进行提问；初级通过练习课文，重在操练发音，中级重在语言点的学习，最后归纳总结课文内容和语言点。

6. 课堂练习

此阶段，重点组织生词活用练习和语法结构的实战演练，强调实际操作中的交际功能，如通过构建情境对话、案例分析、角色扮演等互动环节，使学生在具体语境中实践新学词汇和语法，提升语言运用的灵活性和精确度。

7. 作业和课后复习

考虑到高校学习自主性，课后巩固环节侧重于引导学生进行自我提升。建议提供一系列课后操作指南，包括生词的拼写、发音练习，以及配套的多媒体课件资源，供学生自我回顾和深化理解。鼓励利用在线平台参与讨论、观看扩展讲解视频、完成进阶练习等，这些活动不仅巩固课堂所学，还促进自我驱动学习能力的培养，使学生在课后时间里主动探索、反思并内化语言知识，为接下来的学习奠定坚实基础。

二、对外汉语综合课教学中多媒体课件的应用

对外汉语综合课教学中多媒体课件的应用需要理论的支持和指导，从现代教育技术的发展和外语教学理论的发展看：现代教育技术的发展为多媒体课件辅助外语学习创造了良好的环境，与此同时，外语的学习理论的发展又为多媒体课件辅助外语学习提供了理论支持。

（一）语言学习理论

依据加涅的信息加工模式，可以从"知识理解"和"记忆特点"对教学活动进行分型。可以分为五种习得技能，即智慧技能、认知策略、言语信息技能、态度技能、动作技能。按五种习得技能分析教学中所学知识的类型以及相应的内部条件和外部条件，针对内部条件努力用技术手段创造学习所需的外部条件。实际上，对外汉语综合课教学中多媒体课件的设计就是要根据不同的学习类型，利用多媒体技术手段创设不同的外部条件，从而为综合课课堂教学提供良好的外部学习条件，使多媒体课件更好地辅助教学，提高教学效率。语言学习理论中的行为主义学习理论、认知学习理论和建构主义学习理论对于对外汉语综合课教学中多媒体课件的设计和应用有着重要的指导作用。

1. 行为主义学习理论

以斯金纳为代表的行为主义者认为，外语学习者在语言环境中接受语言输入，并对输入的语言进行积极强化，从而形成语言行为。这种理论强调学习的起因源于对外部的刺激反应，主张小步调教学和及时反馈等原则。因此，对外汉语教学作为外语教学，重视对外部教学条件的改善，加强外部目的语的刺激是一种很好的提高教学效率的方法。多媒体课件在对外汉语教学中的应用正是基于行为主义理论所主张：利用多媒体课件的各种手段改善汉语学习者语言输入的环境，

积极强化外部汉语输入，从而形成自觉的汉语语言习得行为。

根据行为主义学习理论，对外汉语综合课教学中多媒体课件的设计思路按教学内容，先确定学习目标，然后根据目标设置几个学习路径。学生利用这样课件展示软件学习语音、语法、课文以及练习句型，通过与计算机反复的交互活动掌握陈述性知识，如词汇、语法规则、文化等。这样，多媒体课件起到了改善汉语学习环境的作用，学生也不自觉地掌握了汉语的相关知识。久而久之，学生从学习汉语转变为对汉语的不自觉习得，达到了学习汉语的目的。

2. 认知学习理论

认知学习理论认为，学习的过程是人与周围的环境进行信息交流的过程，语言教学的重点应是交际能力的培养。认知心理学弥补了行为主义理论只强调行为，而忽视人的意识的弊端。因此，在认知学习理论指导下的多媒体课件辅助教学设计特别强调人机的交互活动。具体表现为，在语言场景、语义、语用中掌握语言形式的使用，在对外汉语综合课教学中针对学生的认知心理进行多媒体课件在语音、词汇、语法和文化教学的设计。尤其是语音、词汇和语法教学需要加强课堂的互动，教师才能掌握学生学习的程度，有针对性地进行教学。而加强互动正是多媒体课件的优势之一，多媒体课件可以综合运用图、文、声多种展示手段调动学生的学习积极性，从而加强互动，强化了学生与教师、同学进行更多的互动交流，不自觉地提升了学生的汉语交际能力。

3. 建构主义学习理论

建构主义学习理论强调学习过程中学习者的主动性、建构性，提出的合作学习和情境化教学思想，弥补了交际式多媒体课件辅助外语教学主要以知识传递和辅导为中心的弊端。根据建构学习理论，学习者的知识是在一定的情境下，借助他人的帮助或人与人之间的写作、交流，利用必要的信息，通过意义的建构而获得的。理想的学习环境应当包括情境、协作、交流和意义建构四个部分。因此，借助网络环境开展协作式语言学习是建构主义学习理论的具体体现，它可以帮助学习者在目的语环境中通过电子邮件、电子论坛、实时对话等技术手段进行交互式学习。目前，大多数的多媒体课件辅助对外汉语教学还停留在课堂教师与学生面对面的现场教学阶段，但随着网络和对外汉语事业的发展，借助网络进行多媒体视频教学、录制多媒体教学视频教学软件等，都是建构主义学习理论为对外汉语多媒体课件教学提出的未来发展方向。

（二）语言传播理论

传播即信息交流活动，教育中的信息传播特指人们为共享信息或相互影响所进行的一种信息交流活动。多媒体课件辅助教学的过程，实际上可以看成是教学信息传播的过程。根据语言传播理论，我们可以通过对传播过程中语言知识的编码及解码、传播情境和传播媒介的分析，探讨汉语知识传播中如何进行有效的编码、如何创造情境以及如何利用信息技术作为使用的传播媒介，使解码得以顺利进行。根据传播理论，利用多媒体课件进行综合课教学的过程，就是我们对于汉语知识编码及解码、传播情境和传播媒介的分析，我们能改善的就是在编码的过程，即设计多媒体课件的过程中，利用多媒体课件丰富的手段创造良好的汉语学习情境，通过合理的教学内容设计，使学生的解码过程也就是学习过程得以更加顺利地进行。

（三）系统论

系统论是研究系统的模式、结构和规律的学问。系统论的核心思想是系统的整体观念，即把研究和处理的对象作为一个系统去看待，通过分析系统的结构和功能，研究系统、要素、环境三者之间的相互关系和相互作用的规律。系统论的思想为教育技术研究指明了方向，引领我们以更科学的方法开展教育系统设计。应用系统论的思想指导多媒体课件辅助对外汉语教学设计，就是通过系统的方法思考、研究和设计针对于汉语教学语音、词汇、语法和文化的教学过程，有利于我们从多维角度全面把握教学中各个环节、各相关因素，优化多媒体课件辅助综合课教学的系统设计，从而使综合课中的多媒体课件设计更具有系统性，更好地辅助对外汉语综合课教学，提高教学效率。

三、对外汉语多媒体课件的内容

（一）具有丰富多彩的教学信息

语言的学习是一个漫长的过程，需要学习的信息量极大，汉语也是如此，传统的教案是教师手写而成，所涉及的教学信息极为有限，学生所能接受的知识也是有限的，且获得的知识面窄，很多时候没办法和社会实际生活相关联。尤其是学习对象是留学生时，以往传统的教案是没有办法满足现今的对外汉语教学的，而对外汉语多媒体课件则很好地弥补了传统教案的不足。

（二）具有明确的教学目标和清晰的教学策略

制作课件前首先要对教材的重点难点进行把握，对这堂课所要教授的目标进行明确。在本堂课中，重点要解决什么问题，准备使用什么媒体？你的教学思想又是什么？例如：文章中的案例二，该课件的设计是为了引起学生的注意力，帮助学习加深理解和记忆，丰富教学内容。

（三）具有合理的选材

多媒体课件内容的选取要以教材为蓝本，以实现教学目标、完成教学任务的需要为立足点，但是又不能对课本教材进行全盘照搬，被教材所约束，要增加课件的含金量。一个好的对外汉语多媒体课件不可能仅仅是对教材进行幻灯片演示，而应该增加它的生动直观的视觉效果，因此怎样对教学内容进行选择，是必须认真思考的问题。在制作课件前应该对教材进行钻研，对重点进行突出，对难点进行突破，不可将教材电子化。

四、多媒体课件的制作使用策略

（一）协调好多媒体课件和板书的应用比例和应用时机

教师设计和使用多媒体课件时，就应设计好课件与板书的配合比例。利用多媒体课件演示内容较多信息量较大的生词解释、语法点或练习,用板书来进行补充、强调和点睛。只有教师掌握好多媒体课件与板书的使用比例,课堂教学的效率才能达到最佳。建议导入环节使用多媒体课件图片视频进行导入演示,生词讲解时辅助板书进行课件演示,语法教学时也要辅助板书演示。文化教学时可以视情况而定,是否配合板书进行演示。至于何时使用课件演示,何时使用板书演示,教师应视讲授内容的情况而定,通过学生反映自行调节课件与板书的配合比例。

(二) 多媒体课件设计以教材为参考发挥教师个人的创造性

在对外汉语综合课教学的多媒体课件设计实践中,应秉持以教材为根基、以创意为核心的原则,实现教学内容与技术手段的深度融合。教师应深入剖析教材,提炼关键知识点与文化精髓,同时发挥个人教学智慧与创新思维,将静态的文字知识转化为富含视听互动元素的动态学习体验。这意味着,多媒体课件不应仅仅是教材内容的直接映射,而应是教师对教材深度解读后的再创造,结合丰富的多媒体资源,如高清图片、短视频、互动图表、仿真对话模拟等,为学生构建起既有深度又有广度的学习环境。此外,教师应结合自身教学风格与学生学习特点,设计符合语言学习规律的互动环节,如即时反馈练习、分层次的文化背景探索任务等,既激发学生的学习兴趣,又促进其语言技能与文化素养的双重提升。在这一过程中,教师的创造性不仅体现在内容的改编与拓展上,还表现在如何利用多媒体特性,设计出既能引导学生主动探索又能促进师生、生生互动的教学方案,从而在尊重教材的基础上,通过个性化与创新性设计,最大化多媒体课件的教学效能。

(三) 依照学生接受程度合理适量地设计课件内容并掌握翻页节奏

教师在设计多媒体课件时,不但应考虑到教学效率设置尽可能多的教学内容,还应考虑到学生的接受程度,每页设置适量的知识内容,不至于让学生有应接不暇接受知识的吃力感或只忙于记笔记和拍照忽视教学内容。此外,教师还应根据学生的接受程度进行翻页节奏的调整,学生接受程度较好可以翻页快一点,接受程度不好就慢一点翻页。或者对学生进行询问当页是否已经都学会，再翻页。不要因为刻意追求教学效率而加快课件的演示进程，让学生有种跟不上教师的讲授思路有压力的感觉。不然，久而久之学生会有厌学情绪，甚至自暴自弃。

（四）老教师应积极学习和应用多媒体课

在当前教育体系快速迈向信息化的大背景下，资深教育工作者应对多媒体教学课件持有一种积极吸纳与实践的态度，视其为增强教学成效与促进学生吸收知识的重要手段。尽管部分经验丰富的教师可能初接触多媒体技术时会有所生疏，但这不应成为规避该教学工具的理由。相反，它应激励这些教育者主动探索未知，虚心向富有技术专长的年轻同行求教，并结合自身在讲坛上的深厚积淀，实现教学艺术与现代科技的有效融合。

参与由学校或相关机构组织的多媒体课件制作培训项目，对于资深教师而言，是获取新知与技能的正式路径。此类培训不仅涵盖了基础软件操作技巧，还涉及教学设计理念、多媒体资源整合策略等多方面内容，为教师搭建了一个全面学习与成长的框架。此外，互联网的广阔资源也为自我提升提供了无限可能，从在线课程到实例分析，均能成为教师自学多媒体技术的宝库。

在实际应用中，初期阶段即便直接采用并适当调整现成的高质量课件亦是一种可行策略，这不仅确保了日常教学活动的顺利进行，同时也为教师逐步深入多媒体课件创作领域铺设了平缓的学习曲线。随着时间推移和技术掌握的深化，教师可进一步探索个性化课件的制作，以期更精准地贴合教学需求。

多媒体教学课件的融入，凭借其形象直观、高度互动的特性，能够显著强化资深教师的教学影响力。它不仅能够生动描绘抽象理论，通过多样化的感官输入加强学生记忆，还能够显著提升学习的积极性，使得传统课堂焕发出新的活力。此外，这种教学模式所具备的即时反馈机制，为教师提供了宝贵的即刻调整教学方案的依据，从而更加精准地指导学生，促进教学双方的共同进步。

（五）认清多媒体课件的辅助地位切忌喧宾夺主

教师对于课件的设计应根据实际教学的需要，不必每节课都综合使用图、文、声、视频动画等手段。导入时多使用图片、音乐、视频等手段让学生快速进入主题。生词讲解时，有必要时用图片进行解释。语法教学时可以运用图片，增加语法教学的生动性。文化教学有必要时可以综合运用图片、音乐、视频等讲解。总之多媒体课件只是教学辅助手段，不要让它喧宾夺主，还是应重视教学内容的讲解。

（六）教师应加强课件的制作学习增加课件的美观性

教师在设计多媒体课件时不但要注意课件的科学性和实用性，还应注意课件的美观性和趣味性。如果每页都是纯文字演示的话，学生很容易会产生枯燥厌烦的情绪，不利于教学的进行。建议日常多搜集适合课件的图片及模板，在设计课件时进行添加，以增加课件的趣味性和美观性。

（七）教师备课时应做好多媒体课件的准备和检查工作

在进行教学准备工作时，教师应充分认识到预先设计并仔细检查多媒体课件的必要性与重要性，以避免在授课过程中进行即时制作所带来的不利影响。课堂现场边操作电脑边教授不仅可能因时间紧迫导致知识点传达不够精确详尽，影响教学内容的深度与完整性，而且这种即兴制作的模式还极易打断教学的连贯性，分散学生的注意力，进而影响整体课堂氛围与学习效率。此外，这种做法还可能向学生传递出教师准备不足的信号，无形中削弱了教学权威性与学生的信任感。

因此，明智的做法是，教师应在课前的备课阶段就着手规划和精细设计多媒体课件，确保其内容既丰富又准确无误，涵盖所有必要的教学要点。这包括但不限于文字说明、图形图表、视频插入、音频示例等多媒体元素的精心挑选与整合，以及对知识点的逻辑排序和视觉呈现方式的优化。同时，完成课件制作后，进行彻底的预演与检查是不可或缺的一环，这包括验证技术层面的细节，如课件能否顺利播放、链接是否有效、多媒体资源是否完整加载，以及教学层面的考量，如信息的准确无误、内容的适宜性与教育目标的契合度等，以确保在正式授课时一切运作顺畅，能够最大化地支持教学意图的实现。

（八）教师应积极参加培训提高处理多媒体课件故障的应急处理能力

教师授课时，如若突然出现多媒体故障，建议教师对于能通过简单调试正常使用且不耽误太多时间的小故障，找专业人员前来进行调试修理；如若设备故障较大需要长时间修理，可先放置不使用多媒体设备，继续使用板书进行教学，不要上课时找工作人员来进行修理，占用宝贵的课堂教学时间。其次，建议学院请专业人员组织处理多媒体课件故障的培训来加强教师的应急处理能力。

第三节　对外汉语多媒体课件的运用评价与改进

一、影响对外汉语多媒体课件运用效果的因素

近年来，我国许多学校都将以多媒体计算机为核心的现代教育技术看作是推动现代教育改革和发展的重要手段。各种各样的多媒体教室被建成，以取代或辅助传统教学方式，期望教学效率和教学效果都能大幅度提高。然而，在具体的对外汉语课堂教学实践中，受各种因素的制约，多媒体教学并没有像大家想象的那样有效。影响对外汉语多媒体课件教学效果的主要因素来自多个方面，包括学生因素、教师因素、硬件因素、软件因素以及教学环境因素。

（一）学生因素

1. 汉语水平

学生的汉语水平高低直接关联到多媒体课件使用的效果。初级阶段的学生通常需要借助大量图片、声音提示及简单动画来帮助理解基础词汇和句子结构。相比之下，水平较高的学生则更适合包含丰富文本信息和深层次文化解析的视频资料，以此加深语言综合运用及文化认知。因此，课件制作时需精准定位学习者语言阶段，匹配相应难度内容和练习题，确保学习既不过于吃力也不至于乏味，以维持学生的积极学习状态。

2. 学习动机

学生对于学习的积极性高低极大地影响了他们使用多媒体课件的主动性和深入程度。那些对学习充满热情的学生，更愿意主动探索和利用各种多媒体资源来自我提升，享受课件中的互动反馈带来的进步感和乐趣。反之，学习动力不足的学生可能只会完成最基本的任务要求，忽略了课件内更多有益资源的发掘。为了提升课件使用效果，重要的是激励学生的学习意愿，比如设定个人学习小目标、引入奖励系统、组织合作学习竞赛等形式，这些都能有效提升学生的参与感和成就感。

3. 学习方式

学生的个体学习偏好差异，如视觉型、听觉型或动手操作型，同样影响多媒体课件的使用效果。有效的课件设计应综合多种感官体验，满足不同学习方式的需求。例如，为视觉型学习者提供丰富的图像、图表和视频材料；对听觉型学习者，则注重清晰、标准的语音材料与听力练习；动手操作型学习者则可通过模拟实验、互动游戏等互动环节受益。此外，提供个性化学习路径选择，使学生能根据自己的学习风格调整学习节奏和内容，可以进一步提升学习效率和满意度。因此，了解并适应学生的个体学习方式，是优化多媒体课件设计、提升教学效果的重要前提。

（二）教师因素

教师因素依然是影响对外汉语多媒体课件教学效果的最主要的因素。这里将从三个方面讨论影响对外汉语多媒体课堂教学传播效果的教师因素，包括对外汉语教师使用多媒体课件教学的积极性、操作多媒体教学系统的水平，以及教学思想和教学方法等方面。

1. 使用多媒体课件教学的积极性

目前，对外汉语教师对多媒体课堂教学有许多不同的看法，也不排除存在一些误区，主要有以下两种情况：

第一种情况是在部分对外汉语教师心目中，使用多媒体教学系统进行课堂教学标志着教学的现代化，因而对多媒体课堂教学有极高的积极性。这种积极性主要表现在将每一堂课都制作了多媒体课件，但课件的质量良莠不齐。而共同之处仅仅是都以投影屏幕取代传统教学工具——黑板和粉笔，从而大大提高教学的进度，为教师提供了很大的方便，且省去了板书的麻烦。有的对外汉语教师甚至是因为自己的板书书写的不够漂亮，而选择用打字代替写板书。

与此同时，也有不少教师认为，对外汉语多媒体教学只不过是用电脑打字代替了粉笔写板书，用投影屏幕代替了黑板，对教学并没有起到太大的作用。况且有的留学生也愿意看到老师书写板书，来体会汉字带来的魅力，而不是仅通过冰冷的多媒体屏幕去学习和体会。还有部分教师对课件制作的软件应用不是很在行，而且认为做课件是件耗时又麻烦的事情，只有当他们要进行教学比赛或者讲公开课的时候，迫不得已才用多媒体教学系统。

以上这两种想法有可取之处，也有其缺陷。前者能够提高对外汉语教学的积极性，加快教师的教学进度，教学效果更明显。不足之处在于，大部分教师不注意研究对外汉语多媒体教学传播的技巧，只是传统"填鸭式"教学的升级版，把教学内容全部灌输到多媒体屏幕上，有人曾戏称其为"电灌"式教学。后者的可取之处在于关注教学内容，不足之处是缺乏创新性，没办法快速地提供学生学习汉语的兴趣，在调动学生的学习热情上也是欠缺的。对外汉语教师首先应该提高自身的素质，不论是传统的板书教学还是利用现代多媒体技术，都应该积极应对，多学习，取长补短，取其精华去其糟粕，而不是消极应付，并没有真正想要下功夫去钻研、去提高自己的业务水平。

2. 应用多媒体教学系统的水平

对外汉语教师应用多媒体教学系统的水平，特别是操作电脑水平的高低，必然严重影响教学的效果。电脑是多媒体教学系统的核心，一个连操作电脑都不精通甚至不熟悉的对外汉语教师，决不可能自如地应用多媒体课堂教学带给学生一堂生动、形象而有趣的课。要想提升自己的业务水平、获得良好的教学效果，每一位对外汉语教师都要花大力气提高对多媒体教学系统的应用能力，尤其是要提高电脑的操作能力，保证在课堂教学过程中，能集中精力用于教学内容的组织和讲授。

3. 教学思想和教学方法

作为对外汉语教师，如果教学思想一成不变，往往就会把多媒体教学当作传统教学模式的附属物或替代品，只能做一些简单基本的演示，而不能充分发掘出多媒体教学的独特潜力，自然也就无法收到良好的教学效果。要想在对外汉语课堂教学中用多媒体教学系统对传统的教法进行有益的丰富与完善，不仅要求教师掌握电脑等多媒体设备的操作技能，更重要的是要更新固有的教学思想与模式，创造或完善新的教学方法和思路。

（三）多媒体教学系统软硬件因素

在多媒体教学系统中，计算机和集成控制系统是最核心的部件。在设计、使用和维护该教学系统时，应注意如下问题：

1. 计算机配置要高一些

例如，CPU 的速度要快，硬盘和内存容量要大，等等。在对外汉语多媒体教学中，教师应用视频、音频等数据量较大的文件和需要较多磁盘空间的教学软件的几率比较高。如果 CPU 速度太慢，硬盘和内存容量不够大，势必会影响教师课件的安装，影响教学软件的展示速度，还有可能造成课堂教学过程中频发死机，使教学效率和教学效果都受到严重的影响。

2. 集成控制系统要设计合理、简单易用

目前国内有众多生产控制系统的厂家，其功能和使用方法有较大的差别，在选择时应注意系统的功能是否全面、控制过程是否合理、操作方式是否简便。简单易用的控制系统可以使对外汉语教师不必在操作多媒体系统上花太多的精力，而是专注于课堂教学的开展。

3. 专人管理，出现问题要及时解决

同时，还应定期对系统进行必要的维护，及时清除不再使用的教学软件，以减轻计算机的负担，使其保持最佳状态，保证对外汉语多媒体教学使用。

4. 安装软件要全，防毒措施要严

由于多媒体教学系统由多名教师集体轮换使用，不同教师习惯使用的教学软

件也不尽相同。因此，多媒体教学系统中应尽可能安装较为全面的软件，包括操作系统、应用工具软件、教学软件、影音播放软件，等等。与此同时，由于教师在使用多媒体教学系统时会自带 U 盘和光盘等存储设备，极有可能导致系统感染这样那样的病毒，于是，防毒成了多媒体教学系统中一个不可忽视的重要问题。要解决病毒入侵的问题，除了安装防火墙，定期查毒杀毒，也有很多学校采用了设置计算机系统自动恢复的功能，即每一次开机时，计算机系统都会自动恢复成最初安装好的状态。这是目前看来抵御病毒入侵多媒体系统最为有效的方法。

另外，在多媒体教学系统中，投影机、影碟机等也是极为重要的设备，它们的质量好坏和维护的效果，也会在很大程度上影响对外汉语课堂教学效果。

（四）教学软件因素

1. 对外汉语教学课件的类型

对外汉语多媒体教学课件通常可分为多种类型，包括课堂教学演示型、操作与训练型、个别指导型、教学模拟型、辅助测试型、虚拟现实型和合作学习型等。根据课型的不同，及学习者汉语水平的差异，教师应有机选择不同类型的教学软件。除此之外，常用的教学课件的开发工具有 Power-point、Authorware、Frontpage、方正奥思等。这些软件在结构和使用上各有千秋，并没有绝对的孰优孰劣的标准，教师应根据对外汉语课堂教学的需要和自身的课件制作水平，选择适合自己的教学软件。

2. 对外汉语教学课件的制作质量

对外汉语教学课件的质量主要反映在教学设计、程序编制、软件外观和教学内容等四个方面：

①对外汉语教学课件的教学设计必须符合教学原理，从教学材料的取舍、教学信息的呈现手法、讲解的过程、语言表达、交互性、操作指导语的设置等方面都要进行综合考虑。

②对外汉语教学课件的程序编制应尽可能实现优化设计，应考虑运行环境有无特殊要求、安装是否方便、数据量是否过大，使用过程中是否会导致计算机死机等问题。

③对外汉语教学课件的外观常常给人以第一印象,字型的大小、色彩的搭配、音响效果的好坏、音乐配合的合理性、动画和图像以及视频的采用等,都会给学生的学习兴趣、积极性和情绪造成一定的影响,因此课件的视听特性要处理得当。

④对外汉语教学课件所呈现的教学内容是课件的核心,是体现课件教育性、科学性和实用性的重要环节。一个课件,不管其教学设计多么合理、程序编制多么高超、外观多么优美,一旦所呈现的教学内容与课堂讲授的需要脱节,就不能算是一个好的课件,甚至不能算是一个合格、有用的课件。

（五）环境因素

1. 学校氛围

学校开展多媒体课堂教学的氛围涉及教师对多媒体教学的看法、进行多媒体教学的积极性、学校采取的激励措施和教师培训措施等多方面的内容。目前,人们对多媒体教学的效果普遍存在一定程度的误解,大多数人认为,采用多媒体系统教学,效果一定比传统教学好得多。由于这种误解,极可能给教师造成较大的心理压力。在具体的对外汉语课堂教学中,一旦教师使用了多媒体系统教学,但并未达到预期的教学效果,将会导致两种不良后果：一种是教师认为自己应用多媒体教学的水平不高,今后对多媒体教学产生心理障碍,失去信心,不敢再用；另一种是教师感到与传统教学模式相比,多媒体教学的优势并不明显,对多媒体教学逐渐失去兴趣,不再想用。

针对以上情况,要求学校的领导和任课教师,都必须对对外汉语多媒体教学的效果有一个清醒、合理的认识,既不要将多媒体教学的效果神化,也不能轻视多媒体教学的效果。要意识到,尽管对外汉语多媒体教学有许多传统教学模式不可比拟的优越性,但目前我们都还处在不断探索的阶段,难免出现问题。

对外汉语教师熟悉多媒体教学系统的硬件设备,学习钻研应用多媒体授课的教学方法,制作研发教学课件等,无不需要花费大量的时间精力。如果学校制定有相应的激励机制,在全校营造出良好的应用多媒体系统教学的氛围,必能极大地调动全体教师使用和研究多媒体课件教学的积极性。此外,学校还应结合教学的需求组织教师培训,组织教师交流经验和集体备课、进行课堂多媒体教学课件评奖,提高教师们的多媒体教学能力和教学课件制作水平。

2. 课堂环境

课堂环境指的主要是教学场地的硬件设施,包括光线的分布、音响效果、室内教学设施的布局等。首先,室内的光线要合适,不能太强也不能太弱。如果光线太强,会影响屏幕的可视效果,学生们容易视觉疲劳。如果光线太弱,则不利于学生看书和做笔记;其次,音响声场的分布要均匀合理,保证在教室里每个位置听到的声音都基本一致;再次,屏幕的高度要适当,屏幕过高会使前排学生视角不舒服,屏幕过低则会影响后排学生观看教学内容;最后,教师操作台的位置摆放也要注意,不能阻挡学生的视线。

以上这几个因素相互作用,在多媒体课堂教学过程中共同影响着对外汉语多媒体课堂教学的传播效果。教学课件的制作水平高,设计合理,教师的教学方法应用得当,多媒体操作得心应手,不仅能极大地提高教学效果与效率,更将使学生对新的教学手段产生浓厚的兴趣;系统软件安装全面合理,适用范围广,教师使用简便易行;学校整体氛围好,教师的教学积极性就高;课堂教学环境好,学生学习的时候身心愉快,事半功倍,教师的教学也会更有激情。总之,在对外汉语课堂教学中应用多媒体课件进行课堂教学传播活动时,要综合考虑各种因素的共同作用,以取得良好的教学效果。

二、对外汉语多媒体课件的评价标准

对外汉语多媒体课件的评价体系是课件设计的指导性方针。在科学评价标准的指导下,兼顾合理的课件设计原则,我们就能设计出真正实用而有效的课件。否则,如果偏离教学目标,仅仅追求花哨的版面、热闹的展示,或者简单地将误区教材搬家,无法体现多媒体教学的实效。具体来说,评价对外汉语课件的标准大致有以下五个方面。

(一) 内容的规范性与正确性

对外汉语教师的主导作用与学生的主动性相结合是对外汉语课堂教学的一项

基本准则。作为辅助对外汉语教学手段的课件，在某种程度上或某些时候代表了对外汉语教师的作用。因此，其"一言一行"和"一举一动"都应起到示范的作用。从书写内容到表达方式，都要注意科学、标准和规范。

例如，汉字的笔画、笔顺要符合规范，发音要准确，拼音和文字内容要正确，词语的解释要科学，要用适合学生语言水平的话语或图形、录像解释复杂难懂的句子或语言点，或者用母语解释。再比如，字体的选用要使学生看得懂，而不应选用一些艺术字体或连笔字，否则会给学生的基本辨认带来困难，影响教学和学习效果。

(二) 体现科学性和辅助性

科学性是用来衡量多媒体课件是否具有教学使用价值的标准，因此在评价过程中首先应考察它的主题是否够突出，各种语言表达是否准确。人类是依靠语言、文字、图像等进行信息传播的，所以，必须注意所要传播信息的意图和接受者的类型。例如，使用多媒体课件的意图是为了促进对外汉语课堂的教学，接受者是有着不同文化背景的留学生。教学内容的选择也应该具有典型性、真实性、具有代表性，且符合科学性要求。课件中的图形、模拟、动画的使用要符合科学认知原理和客观的认知规律，与客观实际相结合，不可违反科学的认知规律，分析要合乎逻辑，教学内容必须准确无误，没有任何科学错误。

对外汉语课堂教学属于面授教学，教师的口授和课件的辅助是相辅相成的关系。屏幕上的内容是教师的辅助，而不是教师的替代。也就是说，课件是对外汉语教师上课时的一种辅助手段，所以课件并不一定要把所有的课文、生词、注释、练习都搬到屏幕上。课件的设计要精当、扼要、突出主要环节。面授教学中对外汉语教师的作用是不可或缺的，依然起主导作用，课件只是起一个辅助的作用，对外汉语教师不应只充当放映员的作用。也就是说，课件的使用应产生比一般教学更好的教学效果。

(三) 处理重点和难点内容的实用性

对外汉语多媒体教学的最大优点就是把教师要用较多的、复杂的语言才能解释清楚的概念一下子展示出来，生动具体、直截了当。比如，讲解汉语的复合趋向补语时，如果辅以图示及人物动作，学生一目了然，不用讲述便可以理解"走进来""跑出去""拿出来""放进去"等。这种利用多媒体手段提供语言教学所需的场景的课件，非常有利于学生理解和表达。有些需要提醒和注意的语言现象可采用变换颜色、加下划线、加背景色和加图画、动画的方法，这些方法都有利于突出重点、突破难点。

（四）版面设计的艺术性

课堂教学课件中的文字不能过密，间距要适中，这样既有清晰、悦目的美感，又可以降低屏幕阅读的难度。背景画面应该简洁，而且背景和文字的对比要强烈，反差要大，使字迹、图形显示清晰、突出。屏幕显示是用户获取信息的方式和手段，布局和颜色是其中的主要问题。应把一些重点的内容放在容易引起注意的位置上（一般认为在屏幕的左上区域）；应正确运用色彩，以达到吸引注意力、归类和表达特定信息含义的目的。总之，屏幕设计既要引起注意和避免疲劳，又要提供易于理解、内容丰富和前后一致的信息。

为了达到良好的视觉效果，还要注意教室内光线处理的问题。在课堂上使用课件，最好不要像看电视、录像一样，把前面的灯关掉，把窗帘也全部拉上，因为光线太暗会影响心情，并影响教学效果。最终的视觉效果应考虑到远距离的学生和两侧的学生，尽可能让每个学生都看清楚，这是最基本的要求。

简洁大方又具艺术性的版面设计，首先，文字内容要以提纲、关键词、短句的形式出现，突出重点，避免出现大段的文字使学生产生反感心理。若非要呈现大段文字，如显示课文内容时，可采取分页的方式。在字体的选择上，选择符合学生阅读习惯的字体，如宋体和楷体，字号适中。标题和关键字词应该加粗来突出，而画面中其余文字应该尽量使用同一字体和字号，减少学生在屏幕阅读上花的时间和精力；其次，不要过度使用图片，以免使学生将注意力转移到只是起辅助作用的图片上去，而对所学内容进行忽视；再次，课件中的色彩不要过浓，在数量的选择上不要过多过杂，对于同一类事物尽量在不同的界面皆使用同种颜色。除了黑色和白色这两种百搭色系外，尽量选择不要超过四种其他颜色，要使得整个课件的色彩风格和谐一致；最后，整个页面布局必须做到教学主体突出，区域划分明确，交互操作方便。多媒体课件在教学中最重要的是辅助性作用，所以在课件的设计上切忌华而不实，忽略了最重要的实质问题。

（五）人机交互界面的简易性

考虑到课件是用于对外汉语教学的，特别是用做课堂教学中对外汉语教师辅助教学的手段，教师的主要精力依然在把握教学内容、进度，关注学生的反应上，因此课件的操作等问题不应该成为教师的负担，这就要求在设计上考虑使用简便的操作，各项人机交互要尽量简易友好，以免分散教师授课的精力，影响课堂气氛。例如文本的设计上，设计一个友好、简单的导航界面，通过链接，可以快速对知识点实行准确定位；在图形和动画的选择上，突出其主要特征。课件尽量做得简洁且使用时灵活，交互界面简洁易懂。

具体地说，从必须操作的量和操作的复杂程度上都要有所控制，避免操作复杂，带给教师紧张、焦虑的心情。

三、多媒体课件应用在对外汉语教学中的改进构想

（一）明确课件应用目的，正确认识课堂教学应用

通过对前边课堂教学案例的分析，我们得知，在对外汉语的课堂教学中，尤其是当多媒体技术被运用在实际的课堂教学的过程中，教师借助多媒体课件，为学生营造了一个逼真的听觉、互动性强的语言学习氛围，提供了学习效率。然而，也有部分多媒体课件的使用并没有起到预期的效果，反而不利于学习效率的提高，对此，我们应该客观地、正确地认识多媒体教学。

1. 明确多媒体课件的应用目的

任何教学手段的使用都必须有明确的目的性，多媒体课件也不例外。教师应从教学内容和教学目的的需要出发，不能片面追求课件形式的新颖，为了用多媒体课件而用。不同的课程，性质、要求和教学目标相差很大，并不是任何课程和教学内容都需要并适合使用多媒体课件教学形式。在对外汉语课堂教学中，多媒

体课件是否适合，需要具体情况具体分析。对外汉语教师使用多媒体课件教学时，切忌该用而不用，不该用而滥用。多媒体课件在对外汉语课堂教学中的应用，应达到以下目的：

（1）与教学内容紧密相关，有效提高教学效率

多媒体课件的设计应与教学内容紧密相关，并根据教学要求的不同而合理应用不同的媒体形式，以达到最佳的教学效果。例如在案例八中的汉字课教学，将多媒体课件演示与教师传统示范有机结合，对课堂教学效率与教学效果都能产生极大的优化作用。

（2）合理设计多媒体课件，促进交际能力培养

语言是交际的工具，对外汉语教学的目的就是要让学生们掌握汉语这个交际工具，培养他们用汉语进行交际的能力。在某些案例教学中，多媒体课件所发挥出的作用是明显的，能在课堂上为学生提供真实的言语交际环境，以及充足正确的示范，让学生的交际能力得到锻炼。

2. 认识多媒体课件的局限性

在对外汉语课堂教学的过程中，由于多媒体技术的使用，极大地提高了学生学习汉语的兴趣和效率，教学的质量也发生了改善，改变了以往教师为中心的被动传授，课堂的气氛得到了极大的活跃，学生学习汉语的兴趣和积极性得到很大的提高。但是与此同时我们也发现，由于对外汉语兴起的时间相对较短，而多媒体技术在整个对外汉语教学活动中的使用仍存在着缺陷和不足。

（1）不利于师生之间情感交流

在教学过程中，教师与学生相互之间要进行沟通与交流，此时教师个人的人格和语言魅力就显得极其重要，教师能够通过自身的努力工作来让学生明白所教授的内容，如果学生被教师的辛勤工作所感染，心中对教师的工作表示尊重，学生的思维活动能更加有效地被激发出来，学生与教师之间就能进行有效的沟通和交流，而课堂教学的目的也能够较容易地实现。

然而，课前许多教师在进行备课的时候，花费在寻找素材和制作课件上的时间精力，远胜于花在查阅资料和教学设计上的。在课堂教学过程中，为了确保课件的播放，教师不得不在鼠标、讲台之间不停地忙碌，而很多学生则被屏幕上精

美图像所吸引，师生之间缺少必要的交流与互动。教师忽视课内教学的反馈，忽视学生与教师、学生与学生之间的情感交流，而在课堂过程中，学生的注意力基本在多媒体课件上，学生与教师之间缺乏沟通和交流，在双方无法进行行之有效的互动下，整个对外汉语课堂就转变成了学生与多媒体之间的互动。

（2）多媒体教学课堂信息量较大，可能抑制学生思维

由于是公开课，很多教师为了让自己的课堂教学更"生动""吸引人"，力图把课件的内容做得丰富。有的教师在制作课件时，将与教学有关的所有内容，全部纳入课件，而授课时又受时间限制，只得加快速度。如某案例中整堂课的多媒体课件教学容量大大超过了传统教学，播放演示的速度较快，使学生应接不暇。在语言点和课文复述的操练环节中，还不等学生进行充分的思考，答案马上就投影出来，抑制了学生思考的积极性。

多媒体课件信息量大，全方位刺激学生的感官。如果内容过多，进度过快，学生容易疲劳，注意力不集中。针对这种情况，教师要掌握好教学进度，安排好教学内容。采用多媒体教学手段后，部分传统的教学重点和教学难点发生了转移，教学内容大多以文字、图片、视频、动画等形式出现，写板书的环节减少，总体教学进度加快。在连续流畅的教学进程中，学生很难保证有足够的笔记时间。因此，教师必须发挥主观能动性，对教学进度进行适时的调整。在教学进展到需要记笔记的地方，及时提醒学生做笔记。

3. 把多媒体教学和传统教学有机地结合起来

尽管多媒体技术的功能非常强大，但仍然存在着一定的适应性和局限性。而传统教学也存在着多媒体教学所不具备的优点。例如，在传统教学中，教师面对面地向学生传授知识，教师在课堂上的情绪、态度、感情往往对学生高尚品德、完善人格、健康心理的形成起着重要作用。教师的人格魅力、语言魅力，也无不给学生造成极大的影响。传统的教学，拉近了师生之间的距离，使学生感到更亲切，让教学信息的反馈更及时，便于教师对教学内容和进度做出必要的调整，以达到优化教学过程的效果。因此，在实际的课堂教学过程中，教师应当根据不同的教学内容，把多媒体教学模式和传统教学模式有机地结合起来，扬长避短、优势互补。

（二）增加教学投资，不断完善硬件环境

1. 构建智慧教室生态系统

首先，应着眼于长远规划，加大对智慧教室建设的投资力度。这不仅仅意味着配备高清晰度投影仪、交互式电子白板、高速网络等基础设施，更需整合形成一个集教学管理、资源共享、学习分析于一体的综合性智慧教育平台。通过物联网技术连接教室内的所有设备，实现教学资源的无缝对接与即时共享，教师可以便捷地控制教室环境，如光线调节、声音优化，创造最适宜的教学氛围。其次，利用大数据分析学生学习行为，为教师提供精准教学反馈，指导个性化教学策略的调整，确保硬件环境的每一次升级都能切实促进教学质量的提升。

2. 推进云端教育资源库建设

在硬件环境优化的基础上，建立并不断丰富云端教育资源库是提升多媒体课件应用效能的关键。这意味着要投资开发一个安全高效、易于访问的在线平台，该平台不仅存储大量高质量的多媒体学习材料，还应支持用户上传、评价、分享自创内容，形成动态更新、内容多元化的资源池。通过人工智能算法，实现对资源的智能分类、标签化管理，帮助学生快速找到最适合自己的学习材料。此外，集成版权管理系统，确保合法使用，鼓励原创内容的创作与分享，形成健康活跃的教育资源生态。

（三）提高教师自身素质，精心制作教学课件

作为一种现代化的教学手段，多媒体教学对对外汉语教师提出了更高的要求，教师不仅要有丰富的学科知识，扎实的汉语功底，还要熟悉多媒体技术及设备，具备运用、操作及自行开发多媒体课件的能力。计算机应用是多媒体教学关键组成要素，教师的计算机应用水平对开展多媒体教学起到至关重要的作用。如果教师缺乏必要的操作知识，即使有现成的教学课件，也会因操作不熟练或错误操作等导致软件不能正常运行和硬件损坏。此外，教师应加强对教学软件的应用能力，提升课件开发的水平。

多媒体教学要想收到最佳的教学效果，关键的是要有高品质的多媒体教学课

件展示在学生面前,以直观形象的画面,丰富生动的演示,简明清晰的解释,来帮助学生掌握有关知识。优秀的课件,应该做到内容与形式的统一,兼顾教学性、科学性与艺术性。既要重点突出,又要简洁明了。同时,还要将丰富的表现力和强烈的感染力完美地结合在一起,让学生在学习知识的同时,受到情的陶冶、美的熏陶。为达到这些效果,教师在课件制作中应注意以下几方面的问题:

1. 积累素材

教师平时要注意搜集素材,建立课程素材库。在互联网资源的搜寻中,教师可以利用专业教育网站、开放式课程平台(如 Khanban、Coursera 上的汉语课程)、公共领域素材库、知识共享许可的图片及音视频平台(如 Pexels、Pixabay、Vimeo 的 Creative Commons 许可视频)。同时,利用高效的搜索引擎技巧,如使用精确关键词、筛选特定文件类型(如".pptx"".mp4"),可以更精准地定位所需教学资源。此外,关注并参与教育技术论坛、社交媒体上的教师社群,能及时了解并获取到其他教师推荐的优质素材和使用心得。

建立素材库的过程中,分类与标签管理至关重要。按照教学内容、难易程度、语言点、文化主题、媒体类型等标准,系统地归档素材,能确保在需要时快速准确调取。同时,对下载或共享来的素材,要留意版权问题,遵守相关法律法规,合理使用或取得授权,尊重原作者的劳动成果,营造健康的教学资源共享环境。

2. 慎选内容

注意处理好内容与形式的关系。课件内容一定要与教学内容紧密结合,要充分体现课件作为辅助教学的一种手段,不能在教学中喧宾夺主,为使用多媒体课件而使用多媒体课件,把完成教学任务抛在一边。教师应当立足教学内容的需要,选择恰当的技术手段和表现形式。课件的背景、界面切忌过于花哨,以免学生把过多的注意力放在变化多彩的画面中,而忽略了对教学内容的把握。屏幕应当简洁而富于内涵,调动学生的想象力和积极性,启发学生思考,引发学生认知结构的积极反应,从而达到意义建构的目的。

3. 合理设计

充分体现教师的主导作用及学生的主体地位。课件设计应充分调动教师与学生双边活动的积极性。教师不应只是一味地灌输，而应安排适当的讲解、提问、启发和点评。课件应着重调动学生的学习兴趣，增强学生的参与意识，提高学习的主动性，但也要留下给学生思考问题的时间。课件中的画面切换不要过于频繁、复杂，否则教师会忙于鼠标操作，而无暇走下讲台与学生进行近距离的交流。

4. 突出重点

不要把整个课堂程序都设计成课件。有的教师把要达到的教学目的、要解决的重点难点问题、要创造的语境、要举的所有例句甚至每一句要说的话全部都详尽地打在课件中。课堂上教师只要点击鼠标，就可以完成所有教学活动。这样看似轻松，实际却使教师成了放映员。这种缺乏师生交流的做法，使教学过程变得枯燥无味，学生失去学习兴趣。制作课件应在帮助学生认知理解、强化记忆上下功夫，突出重点，突破难点。同时，课件的设计还应该有创新性，不能只把教科书和参考资料的内容搬家，变成电子文本。

教师应对教学重点进行强调和解释。在进行多媒体课堂教学时，如果教师不及时对教学重点进行强调和解释，就会使学生在接受多元化信息刺激的过程中，注意力从知识重点转移到演示画面，自然收不到应有的教学效果。针对上述矛盾，在开发课件时，教师应充分考虑课堂重点和难点的位置，在该位置设置标记，并及时强调。

5. 反思教学

虽然能提供各种新颖的教学活动情景，然而，多媒体系统毕竟只是一种辅助教学支持。要充分发挥其优越性，获得最佳的教学效果，教师不仅要有针对性地使用多媒体手段，更要能对课堂进行有效的组织和驾驭。教师应及时了解学生的反应，并根据学生的反馈信息，及时对课件进行修改和完善。教师之间也应广泛交流，反思教学过程，观摩学习其他由专业人员制作的教学软件，从中吸取宝贵经验。

综上所述，在对外汉语教学过程中，对于多媒体课件的教学，应该全面客观地看待。不应该片面地只对其优点进行重视而忽视其存在的缺点，倘若在使用多媒体教学时不能起到良好的教学效果，反而使学生的注意力不集中，那这样的教学辅助手段我们可以考虑放弃不用。在教学过程中，教师发挥多媒体教学的长处，将多媒体与传统的教学方法进行科学的融合。教师的课堂教学目的不是让学生仅仅只是看着电脑屏幕，而是促使学生能够在课堂上有着强盛的求知欲，提高学习汉语的兴趣。

　　想要对以上情况进行改善，作为高校的教务等相关主管部门，要加强对外汉语的课程建设和教学改革力度，在政策上和经费上给予充分的支持和保障，倡导教师之间的资源共享和互助；教学主管部门要给承担软件建设的对外汉语教学的一线教师一定的保障，不论是时间上还是物质上。同时，可以充分调动具有丰富教学经验的老教师和刚刚步入教学门槛但却对新生事物接受快的新教师这两种教师合作的积极性，这样方能制作出具备教育性、科学性、技术性和经济性的多媒体教学课件。即使随着科技的发展，多媒体技术的研发和使用堪称完美，多媒体教学也并非没有缺陷和不足，在具体的教学操作过程中，新的多媒体技术应与已经纯熟的对外汉语教学法结合起来。而教师在进行多媒体课件的制作和使用时，在知识的构建、教学模式、教学手段上应该不断地更新自己的思想，只有这样才有利于教学工作的开展。在课堂教学的实践中，只有一边对多媒体技术进行实践，一边总结多媒体教学实践经验，才能发挥多媒体课件在教学中的优势。

参考文献

[1] 傅惠钧,占梅英,陈青松. 师范类汉语言文学专业教学改革与研究·人文教坛选萃[M]. 杭州：浙江大学出版社,2018.

[2] 李萌萌,于月辉,梁岩. 刻板时空中的海市蜃楼·高校汉语言文学课堂教学中的叙事行为研究[M]. 成都：电子科技大学出版社,2018.

[3] 蔡永强. 任务与过程·汉语读写教学一体化研究[M]. 北京：北京语言大学出版社,2018.

[4] 杨吉琳,金振邦. 汉语言文学论集[M]. 北京：中国社会科学出版社,2018.

[5] 吴亚兰. 汉语言文学课程教学研究[M]. 延吉：延边大学出版社,2018.

[6] 田喆,刘佩,石瑾. 汉语言文学导论[M]. 长春：吉林文史出版社,2019.

[7] 潘伟斌,何林英,刘静. 现代汉语言文学研究的多维视角探索[M]. 长春：吉林大学出版社,2019.

[8] 王西维. 汉语言文学与大学生人文素质教育[M]. 长春：吉林人民出版社,2019.

[9] 王志. 汉文学史小讲[M]. 上海：上海三联书店,2019.

[10] 侯影. 汉译文学性概论[M]. 武汉：武汉大学出版社,2019.

[11] 魏雁,马群涛. 漫话中国文学[M]. 西安：陕西人民出版社,2019.

[12] 祝晶. 多维视阈下的俄汉语言比较范畴研究[M]. 成都：四川大学出版社,2020.

[13] 王巍,李洪波. 国际汉语教学案例理论与实践[M]. 北京：中国书籍出版社,2020.

[14] 徐凤红. 汉语言学基础与教学研究[M]. 长春：吉林教育出版社,2020.

[15] 王燕. 汉语言文字概述与应用研究[M]. 哈尔滨：哈尔滨出版社,2020.

[16] 刘明静,黄毅,陆青. 当代汉语言文学研究及文学鉴赏能力培养[M]. 沈阳：辽海出版社,2020.

[17] 张虹. 汉语言基础与教学研究[M]. 北京：北京工业大学出版社，2021.

[18] 和勇. 汉语言文学专业课程教学研究[M]. 昆明：云南大学出版社，2021.

[19] 杨荣. 民族融合，因材施教：民族高校汉语言文学专业学生差异化教育教学研究与实践论文集[M]. 昆明：云南大学出版社，2021.

[20] 李哲. 面向语言信息处理的汉日对比及应用研究[M]. 武汉：武汉大学出版社，2021.

[21] 耿潇. 全球化视域下我国高等院校对外汉语教学模式研究[M]. 武汉：华中师范大学出版社，2021.

[22] 贺阿丽. 认知语义视角下的英汉习语对比研究·兼论教学应用[M]. 北京：北京理工大学出版社，2021.

[23] 朱峰. 汉语言文学教学及其人才培养研究[M]. 长春：吉林文史出版社，2021.

[24] 汪淑霞. 中国传统文化传播和汉语言文学教学研究[M]. 吉林出版集团股份有限公司，2021.

[25] 王玥. 汉语言文学教育与教学方法的创新研究[M]. 延吉：延边大学出版社，2022.

[26] 肖潇. "一带一路"背景下东北亚地区汉语言文化传播与交流[M]. 北京：中国书籍出版社，2022.

[27] 马英，盛银花. 语文教学设计与实施[M]. 武汉：华中科技大学出版社，2022.

[28] 屠爱萍，钱多. 汉语句子教学与研究[M]. 长春：长春出版社，2022.

[29] 李振中. 汉语言文字学与语文教学[M]. 天津：南开大学出版社，2022.

[30] 张充. 汉语言文学理论与实践教学[M]. 北京：中国原子能出版社，2022.

[31] 佟玮. 汉语言文学的发展和教学研究[M]. 北京：中国原子能出版社，2022.

[32] 青文婷. 汉语言文学基础与课程教学研究[M]. 长春：吉林文史出版社，2023.

[33] 李辉熠，王涛，谢景伟. 一带一路背景下基于5G+VR的汉语言文化传播路

径研究[M]. 长沙：中南大学出版社，2023.

[34] 中文教学与研究编委会. 中文教学与研究第 1 期[M]. 北京：商务印书馆，2023.